優渥叢書

懂一點心理學，讓說話產生正面效應 **2**

非暴力溝通の天使對話法

Learn how to improve your conversational intelligence.

張心悅◎著

U0079631

目錄 💬

第 1 章

你是否常與廠商、客戶、上司、下屬或家人發生言語爭執？

第 2 章

對話不信任，是因為不安全感？
切換天使對話法！

第 3 章

遇到強勢的人，你總是卡卡嗎——
威權關係處理法！

第 4 章

說到一半失控了，怎麼辦──
黃金四問化解法！

第 5 章

會議中氣氛低迷，如何化解？
打造氣場 3 效應！

對話的過程中，你總是糾結在一個點上——
視角切換

和廠商殺價，搞得面紅耳赤嗎——
尋找交集

第 11 章

為何上司、父母的角色，難做呢？
「合作者」姿態練習！

第 12 章

壞習慣讓你的溝通陷入死循環？
激活前額葉皮層！

第 13 章

你說話是否給人碎碎念的感覺呢──
3 個極簡法則

現場發生衝突，我該怎麼化解呢？
處理衝突的方式！

每次開會的結論，真的有徹底執行嗎？
對話變成實際行動！

第 1 章

你是否常與廠商、客戶、上司、下屬或家人發生言語爭執？

1-1
對話案例：
為何部門會議總是不歡而散？

　　我們大多時候沒有意識到，對話過程中的「信任感」影響了對現實的描述和評估、對他人的理解，以及隨之而來的建立協作、推進行動等一系列溝通過程。

　　我們更是常常忽略，因為感受到「威脅」而在對話中採取的防衛性行為，竟然比比皆是，並且這些行為大多是下意識發生的，很難被覺察。這些「不信任」的對話狀態和行為，導致了「無效的時機」，非常隱蔽地影響著溝通的效果。

　　你如果也有以下問題，都能在這一章中找到答案。

- 工作節奏太快，壓力太大，導致跨部門溝通充斥著焦躁、彼此抵觸的氛圍。

- 組織裡常會出現劍拔弩張的會議，人們一番爭論仍然毫無結果，浪費時間。
- 在上下級溝通中，下屬帶著抵觸的情緒，根本聽不進上級的話。
- 溝通中情緒失控沒達到效果，事後自己又後悔。
- 在溝通中反覆因為同一件事出現情緒困擾，導致對此類事情的溝通效果不佳。

星期一是 M 君上任第一天，他被獵人頭公司推薦到知名互聯網公司擔任 HRBP（人力資源業務合作夥伴）高級經理，這個職位需要帶領 HR 團隊，業績壓力大，人員流動性大，招聘需求多，團隊培訓的需求也複雜而多變。兩年內換了 3 個高級經理，績效都不見起色，團隊成員也逐漸喪失士氣，開始散漫怠工。

例會的時間就快到了，M 君從總經理辦公室出來，前往會議室，心裡有些壓力。因為他聽了總經理介紹的情況之後，瞭解到接下來的工作很有挑戰性。即將接手的部門有海歸精英，也有入職 10 餘年不犯錯也不突出的老員工，還有由於年齡無法承受業績壓力而轉入 HR 的二胎媽媽。這次例會涉及 M 君給大家建立的第一印象，新官上任三把火，燒好這第一把火很重要。

M 君走進會議室，大部分同事都到了。二胎媽媽 S 熱

情地給 M 君倒了一杯水；海歸精英小 G 劈裡啪啦地敲著電腦鍵盤；其他兩位同事則默默不語。會議時間過了 5 分鐘後，老員工 L 終於走進會議室，什麼都沒有解釋，逕自走到角落的位置坐了下來。M 君心生不悅，卻又要保持風度，便擠出笑容說：「我們開始吧。」

M 君在簡短的自我介紹後，希望其他人也能向他自我介紹，沒想到大家反應平淡，L 甚至說：「哎呀，我們都很熟了介紹什麼，您就直接分配工作吧。」

「看來，你對我的工作方式不太習慣？」M 君終於忍不住了。

「沒有，主管，我支持您的工作。」L 回答。

「今天第一次開會，你就遲到，這就是你的支持？」大家都聽得出來，新主管不高興了。

「我來介紹一下我自己吧。」海歸小 G 這時打破了尷尬，「我在英國讀的是人力資源管理專業，碩士畢業。我覺得國內的互聯網公司非常有發展前景，特別是我們公司在新技術市場的前景很好。我的畢業論文寫的是……」

「畢業論文和工作有什麼關係！」小 G 還沒說完，L 就小聲嘟囔起來。其他同事也開始交頭接耳，場面有點失控。就在這個時候二胎媽媽 S 的電話響起，「不好意思啊，電話是我家保姆打來的，孩子這幾天病了，我接一下啊。」還沒等 M 君回答，S 就匆忙走出了會議室。

　　M 君再也忍不住了，說：「難怪總經理說這個部門不好管！你看看你們還有工作的樣子嗎？這讓業務團隊怎麼信任你們？」

　　「主管，別『你們』『你們』的，我們現在是一個 team 啊。我能理解作為 leader……」

　　「講中文！回到國內說什麼英文。你們還知道我是主管，從今天開始遊戲規則我來定！」M 君提高了音量。

　　會議室的氣氛瞬間凝滯。

　　「你們每一個人，下班前把過去一年的工作報告寄給我，不能少於 5 千字。連同今年的工作計畫也要寫進去。」M 君起身說，「散會！」然後拂袖而去。

　　不知道接下來，M 會不會為這一次會議的「對話」感到遺憾，也不知道這樣的管理是否能夠起效。但無論如何，他都需要為這一次並不愉快的交流，在接下來的一段時間裡付出更多努力去修復關係。

　　職場中，幾乎每天都上演像這樣劍拔弩張的會議、不歡而散的談判，充滿對抗的上下級溝通，彼此埋怨的跨部門對話……。充滿對抗的溝通，已經成為影響我們工作關係的第一殺手。儘管對自己的「感情用事」多半會後悔，但也不知道為什麼當下卻總會這樣做。

　　「感情用事」到底是怎麼回事呢？

1-2
是大腦的杏仁核與恐懼讓我們情緒失控！

杏仁核與恐懼的關係

20 世紀 30 年代，美國芝加哥大學的神經科學家做研究時，切除了一隻獼猴的雙側顳葉。接下來的事情讓他們驚訝不已，這個手術讓獼猴改變了原本的「性情」，獼猴竟然變得不怕蛇，也不再害怕人類，見到陌生人也不再像以前一樣躲在牆角。遇到以前欺負過自己的強壯的獼猴，也會像什麼都沒發生過一樣迎面而上。牠好像什麼都不怕了，沒有了恐懼。

後來科學家們發現，控制恐懼情緒的，是顳葉中形如杏仁核狀的一個器官，稱之為杏仁核，它是管理恐懼等強烈情緒的器官。人類也是如此，我們在失去杏仁核後，就

再也不會感到恐懼了。

　　科學家們發現一位女士患有一種罕見的基因疾病，她的雙側杏仁核由於病變而萎縮，到她成年的時候，雙側的杏仁核就徹底消失了。這位女士膽子比一般人大，研究人員為了測試她的恐懼感費盡心機。他們帶她去出售蛇、蠍子的寵物店；在萬聖節把廢棄的療養院佈置成恐怖鬼屋，但這位女士一點都不害怕。

　　之後研究人員決定讓她去看恐怖電影，因為膽子再大的人也會在電影院裡不由自主地心跳加速、手心出汗、血壓升高。然而，這位女士淡定地看完了 10 部恐怖電影，還若無其事地問旁邊快被嚇哭的科學家說：「有這麼可怕嗎？」

　　如果我們真的不再感覺到恐懼了，是件好事嗎？在生物進化的過程中，不知恐懼的後果往往是死亡。羊群如果對獅子、老虎沒有了恐懼，不知道在危險來臨時拚命奔跑，就會被吃掉。對於獅子、老虎來說，如果對懸崖、獵人不會感覺到恐懼，也很容易遭遇死亡。感覺到恐懼、趨利避害，是生物最基本的生存本能。

　　人類也如此。剛才提到的那位「膽大包天」的女士，如果在治安很差的地方一個人行走也不會感到害怕、對一些危險的人物也不會躲避、對一些危險的環境也覺得無關緊要，那麼她一定會使自己身陷危險環境。

杏仁核與情緒失控的關係

查理斯·惠特曼（Charles Whitman）是一名前海軍陸戰隊隊員，在德克薩斯大學主修工程學，1996 年 8 月 1 日他爬到學校樓頂開槍掃射下面的路人。他射中的第一個人是一名孕婦，當孕婦的男友跪在地上求他時，查爾斯無情地開槍。他把試圖逃跑的人各個擊中，甚至擊中一名試圖幫助受害者的救護車司機。當警方將其擊斃時，已經造成了 17 人死亡和 32 人受傷。

警方在查理斯家中搜查線索時，發現了他在前一天晚上寫的遺書，遺書上寫著一個很奇怪的請求，他要求對其進行屍體解剖，以檢查他的大腦是否有問題，因為他一直經歷著無法控制的暴力情緒。

後來，驗屍官發現查理斯的大腦裡，有一個硬幣大小的腫瘤壓迫著杏仁核，造成了對杏仁核的過度刺激，讓他變得情緒失控、充滿暴力。

在人們經歷過重大的創傷性事件之後，也會對杏仁核造成嚴重的刺激，導致杏仁核失調。人們會反覆「閃回」創傷的情景，重複體驗創傷的感受。

從戰場歸來的戰士，大多都不願意看戰爭電影，因為這樣的場景會刺激他們的杏仁核，釋放大量可怕的回憶。杏仁核被過度啟動，不僅會讓人產生難以忍受的痛苦，情

緒失控，還會讓人充滿攻擊性。

　　杏仁核是我們控制情緒的邊緣系統的重要部分，很多情緒異常，特別是與恐懼情緒相關的異常，以及精神系統疾病，都和杏仁核的失調有關，如阿爾茲海默病、自閉症和焦慮症。

過度反應帶來的後果

　　杏仁核是我們的情感「記憶體」，也是我們遭遇情緒刺激時的「警報器」。所有重要的情感體驗，特別是和恐懼相關的，都會經由杏仁核識別並存儲在情緒資料庫裡。當我們再次遇到相關刺激的影響，或者僅僅可能是威脅時，杏仁核會迅速地把這個情緒釋放出來，提醒我們要立即趨利避害，要麼戰鬥、要麼逃跑，「一朝被蛇咬，十年怕草繩」就是這樣的緣由。

　　杏仁核特別敏感，對外來的刺激線索會迅速解讀。不到 1 秒內，它就可以對一個「有威脅」的刺激完成評估，並經由發訊號給腦幹，來啟動交感神經系統，將評估轉化為軀體反應，啟動要麼戰鬥、要麼逃跑的模式。

　　這個本能已經進化了數百萬年，在鼠類的實驗中，反應的過程可以在 12 毫秒內完成。我們存留下來的這個本能反應，是為了自我保護，例如，當我們看到老虎時，不

需要在意識層面去做任何思考，而是迅速地啟動恐懼情緒，拔腿就跑。這種瞬間關閉了思考和理性分析過程的原始反應，我們把它稱為「情緒的劫持」。

然而麻煩的是，很多時候杏仁核都會「過度警報」，導致情緒被過度啟動，負責理性的前額葉等大腦器官停止工作。這時候我們就會遭遇情緒的劫持，做出愚蠢的反應。其中最常見的就是，過度解讀他人對自己的威脅，特別是在成長過程中，如果我們曾遭遇他人的傷害和不公正的對待，就會對這類刺激特別敏感，產生所謂的「防人之心不可無」心理，戰戰兢兢，如履薄冰。杏仁核啟動了警報程式後，我們會採取自我保護的下意識行為，但很多時候自己很難發覺這種行為。

這些反應在溝通中特別常見。例如，上一節案例中M君對待老員工L的遲到、頂嘴；二胎媽媽S的意外電話；小G不合時宜的插嘴時，充滿壓力的杏仁核將這些表現解讀為對自己的不信任、不配合，甚至是威脅。杏仁核警報點燃了M君的恐懼和憤怒，繼而讓他做出了「戰鬥」的反應，開始使用權力保護自己的陣地和安全，但是這樣的對話過程，往往會帶來破壞關係的後果。

1-3
對話案例：化解衝突的客服經理，是怎麼做到的？

　　L 總監出差入住五星級飯店的行政套房，行政套房有很多額外服務，提供免費的會議室就是其中之一。這天 L 總監臨時要見幾個當地重要的廠商，時間緊急下來不及考察其他場地，於是他想到可以使用飯店的免費會議室服務。

　　但負責預定會議室的服務生，直接拒絕了 L 總監的要求：「不好意思，會議室是需要提前一天預訂的，您目前不能使用。」

　　「我知道，但這個會議室現在不是空著嗎？我有急事用一下，我的客戶都在路上了，回頭再補辦手續不行嗎？」

　　「對不起先生，這是規定。而且，會議室已經預留給

其他客人了。1 小時以後就有其他客人要使用。」

「那我就用 1 小時不行嗎？你就不能通融一下嗎？我可是你們的常客啊！」L 總監被接二連三地拒絕，情緒突然就上來了。

服務生也不知如何是好，緊張地搓著手說：「對不起，先生，您別難為我了，真的不行。」

L 總監又急又火，越說越激動：「你們就是這麼對待老客戶的嗎？我每個月都訂你們的行政房，這不是本來就有的附加服務嗎？怎麼我一要用了就這麼麻煩呢？」眼看一場衝突就要升級。

這時候，飯店經理路過看見氣氛不對勁，趕緊微笑著上前，說：「先生別急，我是這裡的經理，有什麼事，我能幫忙嗎？」

飯店經理一邊認真傾聽事情的經過，一邊飛速地在腦子裡想著解決方案。之後他深吸了口氣，特意減慢語速，誠懇地對 L 總監說：「先生，您在這裡先坐一下，給我 5 分鐘去協調。」並且示意旁邊傻站著的服務生說：「快去給先生倒杯檸檬水。」

過了一會兒，飯店經理一邊小跑著回來，一邊熱情地招著手說：「解決了，解決了，沒問題了！」他站定後，對 L 總監繼續說：「先生，這個會面對您很重要，您需要一個比較正式的場所。」

　　L 總監很期待地放下了手中的水杯，酒店經理繼續說道：「原本預約會議室的那組客人會準時抵達，如果您使用到一半他們到了，會打擾您的工作。我幫您協調了兩個方案，一個是在大廳的咖啡廳，給您在靠窗的位置併一個桌，我們贈送飲料，但是這個環境可能會有點吵。另一個是幫您在中餐廳預訂一間包廂，讓服務生簡單佈置一下，方便您談事情，您看可以嗎？」

　　L 總監總算鬆了口氣：「那就中餐廳吧，不過……我需要點餐嗎？」酒店經理擺擺手，爽快地說：「現在還沒到用餐時間，您安心使用，我協調過了不收費！」

　　L 總監總算露出滿意的笑容。酒店經理上前一步，幫 L 總監抱起桌子上的一疊資料，說：「您請，跟我來吧。」

　　會議室的風波就這樣愉快地化解了。

1-4
如何讓大腦的杏仁核，釋放信任的訊號？

　　美國國立衛生研究院的神經解剖學家保羅·麥克林恩（Paul Maclean）博士，在 20 世紀 60 年代提出了「三重腦模型」的概念。他用三個進化階段，來說明人的大腦為了適應進化需求，而建立由內而外三個不同層次的結構。

　　它們分別是：最原始的爬行系統（腦幹）、與古哺乳動物的進化一起發展的邊緣系統、跟隨高級哺乳動物的進化而發展的新皮層。這三層大腦均有獨立功能，彼此之間又都存在大量互動。

踩好情緒的「油門」和「剎車」

　　腦幹是我們的生存控制中心，負責調節呼吸、血壓、

心率、吞嚥等基本動作。在社交溝通中，它影響身體的興奮或者抑制，並且無意識地影響人們的目光交流、語言的抑揚頓挫、隨機應變的表情等大量非語言訊息。

　　邊緣系統包裹在爬行腦的周邊，也稱作情緒腦，出現在 1 百萬年前爬行動物向哺乳動物進化時。哺乳動物在生產、養育下一代的過程中，其複雜的情緒系統逐漸發育出來。與爬行動物只會使用條件反射式、僵化的反應不同，哺乳動物能發出聲音來溝通情緒狀態，這對於母子間的聯繫非常重要。邊緣系統決定我們在社交溝通中解讀對方心理的能力，對於形成內在的心理模型意義重大。杏仁核就是邊緣系統中的重要器官，它特別敏感，有個風吹草動就會啟動，讓我們退回到被原始腦控制的本能狀態，導致更高級的理性腦區停止工作。

　　新皮層是三重腦中最新進化的部分，也是人類大腦中最大的一個部分。爬行腦和情緒腦從人類一出生就已具備完整功能，而新皮層則不同。大腦的這部分在人出生後的頭三年，呈指數級成倍發展，並且終身持續發展。

　　它是反思性自我、表徵性自我的神經基礎。此腦部組織會根據已獲知的外界相關訊息、內部的情緒反應、自我經驗和判斷等，綜合做出決定，從而指導人類的行為。還會根據不同的社會情境，對我們的情緒反應施加影響。

　　杏仁核就好比一個簡單粗暴的情緒控制「油門」，總

是一觸即發。而我們的大腦進化出另一些更高級的大腦組織，對情緒反應進行相應的協調和管理，這些小夥伴相當於控制情緒的「剎車」。這些大腦組織共同管理著理性和感性的平衡。例如，海馬體對杏仁核那些不加區別的、失去控制的反應，會進行調整。它特別能根據後果和情境來組織訊息。

例如，看到老虎時，杏仁核說：「快跑！」海馬會安慰它說：「你看，老虎是關在籠子裡的，不用跑。」海馬的這一腳「剎車」便可以啟動副交感神經的參與，讓我們安靜下來。又例如，前扣帶回皮層，它對情緒有放大和過濾的作用，也就是它這個「剎車」可以選擇放大某些情緒，或者平復另一些情緒，甚至忽略掉一些情緒。

再例如，眶額葉皮層，它負責自主神經系統的管理，會經由對交感神經、副交感神經的調整，來控制情緒，從而激發或者抑制我們相應的行為和生理反應。

看似簡單的對話過程，其實是一個需要啟動全腦的運動和協調過程。這也是我們使用理性駕馭情緒和本能，平衡理性和情感的過程。對話也是我們在心智模式上重新組織自我的內在模型的過程，也就是有效進行表達，然後理解他人，經由建立和他人、外在世界的關係，反過來對自我的內在模型進行矯正和不斷升級。

釋放信任訊號，對話更容易成功

　　科學家使用功能性磁共振成像技術，來研究大腦內部的活動，發現「信任」的產生，集中在大腦的前額葉皮層，「不信任」的產生集中在大腦的杏仁核和邊緣區。額葉是已進化的大腦組織，這意味著信任感，也就是安全感，能夠啟動更高級的腦區工作，從而協調「油門」和「剎車」，這是安全駕駛的關鍵。而不信任感，也就是不安全感，是讓我們被原始的腦區「劫持」，淪為情緒和本能的奴僕，導致車毀人亡的致命因素。

　　科學家們還發現，當我們受到信任，也就是收到安全訊號時，就會發生神經化學變化。此時我們的多巴胺、血清素升高，讓我們感覺良好，變得更加健談和興奮，使我們產生樂觀的看法，並對互動產生良好的感覺。我們對過去的回憶和未來的展望也更積極，產生幸福感。催產素（也被稱為擁抱荷爾蒙）也會升高，它是促進社交的激素，讓我們感覺與他人更親近，希望與他人在一起。這些神經遞質會平息杏仁核的防禦作用，也會促使爬蟲類腦鎮靜下來，同時激發前額葉皮層，讓新的想法、見解和智慧得以湧現。

　　在對話中，當我們覺得能夠信任他人時，前額葉皮層就會被重新啟動，變得開放透明、與他人坦誠溝通，能夠

訴說自己感到的威脅，相信對方不會傷害我們。而我們對他人釋放的信任訊號，也可以讓對方很快平靜下來。

在前文的會議室風波中，飯店經理成功地管理了自己的安全感，並且經由微笑、誠意、解決問題，以及那一杯檸檬水，給對方釋放信任的訊號，推動了對話的成功。

相反地，不信任、不安全的訊號會導致皮質醇水平升高，兒茶酚肽分泌增多，前額葉皮層停止工作。這會導致我們產生更消極的想法，更多負面的感受，此時控制權又回到杏仁核的手裡。杏仁核接管大腦後，啟動戰鬥或者逃跑的防衛模式，使體內的睪丸素、去甲腎上腺素水平升高，這會讓我們變得更加好鬥，充滿進攻性。

在對話中，無論是感覺到威脅，或者聽到一些敏感的句子和詞語，還是預設可能會遭受損失的情況，都會令人失去信任感。我們會因為恐懼的感覺，訴諸防衛性行為，導致對話失敗。

如前文中，服務生直截了當地說：「這不行」「這是規定」「別為難我」，這些都會被客戶解讀為「拒絕我」「不重視我」「不想幫忙」的訊號，加上急著要解決問題的心情沒有被體會，對話中的矛盾難免就會加深。服務生此時也會因為客戶的負面情緒壓力，失去安全感，充滿緊張和挫敗感，從而無法再傳遞出解決問題的誠意。

第 2 章

對話不信任，是因為不安全感？
切換天使對話法！

2-1
信任他人，
就能走入「天使對話」

　　有個寓言故事講到，天神發長杓子給天使和魔鬼，杓子比他們的手臂還要長，但天神規定只能用這個長杓子吃飯。過了一個月，天神看到天使們相互餵食，其樂融融。而地獄裡的魔鬼們，各個只顧自己，杓子太長餵不到自己嘴裡，饑餓難耐，苦不堪言。

　　用這個故事來形容現實中的「天使對話」和「魔鬼對話」再合適不過了。長杓子就是對話中的信任感，肯用自己的杓子餵別人，就好比在對話中肯給對方安全感，釋放信任的訊息，我們可以比喻為天使對話。而只肯拿杓子餵自己，就好比在對話中只顧著自己的安全感，讓對方感到不信任，就難免走向魔鬼對話了（見表 2-1～表 2-5）。

表 2-1 ▶▶ 身體變化在天使對話 vs. 魔鬼對話中的狀態

信任	不信任
多巴胺升高：使人快樂、樂觀，更積極地展望未來	皮質醇升高：導致進行分析判斷的前額葉停止工作
催產素升高：願意與人親近，坦誠相待，願意協作	睪丸素升高：變得更加好鬥，更傾向保護自己
血清素升高：自我感覺良好，也願意跟對方更親近	去甲腎上腺素升高：產生更消極的想法，想要爭鬥

表 2-2 ▶▶ 行為傾向在天使對話 vs. 魔鬼對話中的狀態

信任	不信任
願意透露較多訊息	透露較少訊息，有所保留
期望較少且付出較多	懷著不切實際、過高的期望
對他人往好處想	對他人往壞處想
以開放的心態觀察情況	小心謹慎地觀察情況
經由真相去解讀訊息	懷著恐懼解讀訊息
對他人能夠體諒和忠誠	透露我們承諾過不外洩的秘密
願意面對真相	逃避真相或附和他人

表 2-3 ▶▶領導者在天使對話 vs. 魔鬼對話中的狀態

信任	不信任
願意展現平等	展現權威
告訴下屬更多背景訊息	訊息提供不透明、不對稱
願意聽取意見，共同探討	多使用命令，很難商量
使用較多激勵	使用較多懲罰

表 2-4 ▶▶組織在天使對話 vs. 魔鬼對話中的狀態

信任	不信任
有歸屬的	被排斥的
平等開放的	不公平的
充滿成就感的	充滿失敗的
積極進取的	惡性競爭的

表 2-5 ▶▶會議在天使對話 vs. 魔鬼對話中的狀態

信任	不信任
清晰的會議議程	臨時、沒有明確議題的會議
恰當的會議參與者	無關的會議參與者
時間安排有序，議程明確	混亂的組織，冗長的會議
制定明確結果	不了了之的結果

2-2
過度的「自我保護」，讓我們跌入魔鬼對話

　　在對話和人際交往中，維護安全感是人的本能。能有效地處理邊界進行自我保護，是心智成熟的表現。可是，當這種保護超越實際需要時，難免會越界，破壞談話雙方的信任感。甚至有些人由於自己的「內心傷痕」，導致對局勢和他人的錯誤判斷，在對話中過度防禦，或者是把自我保護的動機經由指責、抱怨、評判、控制等方式傳達出來，就會讓對話雙方跌入充滿不信任感的魔鬼對話。

　　美國科研人員進行過一項有趣的心理學實驗，叫作「傷痕實驗」。他們向參與實驗的志願者宣稱，該實驗是為了觀察人們對身體有缺陷的陌生人的反應，尤其針對面部有傷痕的人。每位志願者都被安排在沒有鏡子的小房間裡，由好萊塢的專業化妝師在其左臉畫出一道血肉模糊、

觸目驚心的傷痕。志願者被允許用一面小鏡子查看自己化妝後的臉，這種逼真的效果讓志願者們心情複雜。

實際上，後來化妝師偷偷抹掉了化妝的痕跡。對此毫不知情的志願者，被派往各醫院的候診室，他們的任務就是觀察人們對其面部傷痕的反應。

之後，返回的志願者竟無一例外地敘述了相同的感受：人們比以往粗魯無理、不友好，而且總是盯著他們的臉看！他們也壓抑著自己，差一點就表達出不滿、憤怒，甚至有人想當面斥責這些無禮且沒有同情心的人。但最後當志願者們發現，原來自己的臉上並沒有傷痕時，他們不禁反思，如果自己最初就知道真相，還會有剛剛的那些感受和行為上的衝動嗎？

是什麼影響了我們的判斷？是什麼讓我們不由自主地想要保護自己？這一切並不是源於我們臉上的傷痕，而是源於我們內心的傷痕。

2-3
如果你能為「效果而說」，就能打開天使對話

　　內心強大的人，才能夠做到不會過分擔心自己的安全感，還可以對他人寬容，在對話中給對方傳遞出信任感，提升對方的安全感和自信心。他們會把對話的焦點，從保證「我」的安全感，轉到建立「我們」之間的信任感上。他們更關注談話的效果，會努力在保證對方信任的前提下，達成自己想要的對話效果，就如以下這段經典的歷史。

　　澠池之會結束以後，藺相如由於勞苦功高，為趙國做出了卓越的貢獻，被封為上卿，位在廉頗之上。

　　於是廉頗揚言：「我若遇見藺相如，一定要羞辱他。」藺相如聽到後，就避免和他打照面。每到上朝時，

常推說有病，不願和廉頗去爭位次的先後。有次廉頗外出，命車夫把車駕到路中，絲毫不給藺相如空隙，藺相如卻掉轉車子迴避。

於是藺相如的門客直言進諫：「我們之所以離開親人來侍奉您，就是仰慕您高尚的節義。如今您與廉頗官位相同，廉老先生口出惡言，而您卻因害怕而躲避他，您怕得也太過分了，平庸的人尚且感到羞恥，何況是身為將相之人！我們這些人沒出息，請讓我們告辭吧！」

藺相如堅決地挽留他們：「諸位認為廉將軍和秦王相比誰厲害？」門客們回答說：「廉將軍比不了秦王。」相如說：「以秦王的威勢，天下諸侯都怕他，而我卻敢在朝廷上呵斥他，羞辱他的群臣，我藺相如雖然無能，難道會怕廉將軍嗎？但是我想到，強大的秦國之所以不敢攻打趙國邯鄲城，就是因為有我和廉將軍在，如今兩虎相鬥，勢必不能共存。我之所以這樣忍讓，就是為了要把國家的急難擺在前面，而把個人的私怨放在後面。」

藺相如的話傳到了廉頗的耳朵裡，廉頗靜下心來想了想，覺得自己為了爭一口氣，就不顧國家的利益，實在不應該。於是，他脫下戰袍，背上荊條，到藺相如府上請罪。藺相如見廉頗來負荊請罪，連忙出來迎接。從此以後，兩人同心協力保衛趙國。

　　負荊請罪是我們耳熟能詳的歷史故事，體現了藺相如三個非常不一樣的溝通策略。第一，面對廉頗的「挑釁」忍而不發，選擇沉默；第二，對自己的門客，堅決挽留，以事實服人；第三，對秦王，機智勇敢，據理力爭。無論在哪一次溝通中，他都戰勝了內心的情緒影響。

　　藺相如能夠打開成功的對話，是因為他明白想要的「效果」是什麼，而非只在乎自己的面子、自尊心。他追求的第一個效果是趙國的大局，因此退讓，最終贏得了廉頗的信任，使其甘願負荊請罪。他追求的第二個效果，是維護自己和門客之間的關係，所以尋求理解，重建信任。他追求的第三個效果是保護趙王不被羞辱，能夠和秦王平等，所以寸土不讓，不卑不亢，最終也贏得秦王的尊重。

　　成熟的溝通者，總是會先顧及對話的「目的」，把握時機，為效果而說。

2-4
做到「天使對話」的 5 大核心原則

　　想要打開天使對話，勢必要在對話中營造和傳遞「信任」。在經過十餘年，超過 3 百家企業溝通訓練的實踐中，我總結了交互式對話訓練法，其中有促進天使對話的 5 大核心信任原則。

原則 1：包容而非偏見

　　先入為主、貼標籤、刻板印象等偏見，都特別容易破壞對話中的信任關係。「那個人沒法溝通」「這個人一定會推拖」「他無法理解我」……。如果我們帶著這些感覺去打開對話，多半會無功而返。

原則 2：欣賞而非評判

　　品頭論足、比較、評價、說教、挑毛病等，也是會讓對方失去信任感的表達方式。記得在課堂調研中，我們曾經讓學員們分享最不能接受的上級口頭禪，結果是「你這個不行！」「你看人家……」「連這都做不好！」這三句話榮登榜首。這些令人沮喪的話，幾乎再無讓對方敞開心扉的可能性。

原則 3：分享而非保留

　　俗話說，「話到嘴邊留三分」，有些人把這句話簡單地理解為，我們說話要謹慎、要有所保留，甚至能不說的就不說。其實，這裡的「留三分」，留的是自己不確定的判斷、拿不定主意的想法，留的是對方的「面子」、可能會對關係產生破壞的情緒化表達。

　　而對於其他有助於推進對話的內容，例如，坦誠的想法、能夠幫助別人的訊息、有價值的探索等，則該用開放的心態表達，知無不言，言無不盡。

原則 4：允許選擇而非使用控制

我們形容有些人很有控制欲，會讓人在對話時產生被控制的感覺。這種控制不能簡單地等同於命令、強迫，「被控制感」更準確地說，其實是一種無法做選擇的感覺。

例如，無論客戶怎麼詢問，客服人員都是一句：「對不起，這是規定。」又例如，跨部門溝通中，無論怎麼協商，對方都說：「這個不是我們的業務範圍。」這種讓對方無從選擇、無法再推進的對話，普遍充滿顯性或隱性的控制。

原則 5：充滿好奇而非立下決斷

在對話結束時，一般都會追求一個具體的結果，大家一起做一個決定，以便有效推進行動。但在對話的一開始，為了呈現更多可能性，以及在對話過程中呈現更多訊息和彼此的感受，我們需要放下自己的經驗、判斷、決定、儘快解決問題的衝動，去充滿好奇地開啟更豐富的對話內容。

第 **3** 章

遇到強勢的人，你總是卡卡嗎——
威權關係處理法！

3-1
如何與強勢的人打交道？
7 種壓力困擾排除法！

關於如何與強勢的人打交道，這是在溝通訓練中，最常被問到的最多的話題。而這個強勢的人，提問者多半是指自己的上級。我們與上級、老師、專家、前輩等人之間的關係，可以統稱為權威關係。權威關係的本質，是我們與父母關係的重現。自己與父母或重要養育者之間的互動方式，會無意識地被保留下來，伴隨著很多固著的感受和習慣性的溝通方式。

在現實中，當我們遇到類似的權威關係時，就會把這些感受和互動方式帶到新的關係裡。同樣，當一個人成為權威關係中的「權威」一方時，如主管、老師、專家，他也會搖身一變，變成權威關係裡的另一方。

權威關係中的幾個困擾模式

1. 權威恐懼

　　有些人害怕權威，與主管說話時常「卡關」，非常害怕被批評、被要求，也不敢在權威面前提出意見和需求。他們本質上對權威是需要的，但是又不敢靠太近。有可能將這種恐懼轉化為對權威的盲目崇拜、無條件順從或迷信，而無法形成自己的處事標準。在權威關係的溝通中，這種人是被動的、緊張的、不能發揮自己的能力。

　　由於對權威的恐懼，還會導致他們在很多原本平等的關係，如客戶合作、同事協作中，也很被動。這樣的人很可能會避免自己成為權威者，對自己的權威地位也沒有自信，不能承擔起前輩、家長、專家、領導的責任。還有可能為了掩蓋自己的恐懼，而變得過於嚴厲，用過度懲罰來維護自己的權威地位。

小提醒：權威恐懼模式的人，要注意自己是否對強勢者過於敏感，而導致自己在溝通中對現實問題的判斷出現錯誤解讀。此外，有這類困擾的人，可以在非正式場合多找機會與權威者熟悉、建立關係，以打破在正式溝通中的緊張情緒。

2. 權威對抗

有些人似乎天生就愛和上級槓上，愛挑戰專家的專業性。他們要麼會公開發表反對觀點，強調自己的主張，要求權利、公平；要麼表面服從，心裡卻十分反抗，喜歡特立獨行，獨樹一幟。

在權威關係的溝通中，他們是敏感、進攻、充滿自我保護和挑戰的。他們還有可能把自己塑造成一個「親民」的群眾領袖和「謙虛」的專家，以表達自己是理想中的權威者。有趣的是，當他們成為權威者，卻很可能搖身一變，變成自己當初要公開挑戰的那一類人。

小提醒：權威對抗模式的人，要多多留意自己的「憤怒」情緒。可以嘗試理解自己容易產生對抗行為的內在觀念，同時在溝通中，多多留意對抗行為對他人的感受。

3. 權威疏離

有些人遠離權威關係，傾向做一個旁觀者。在組織中，他們不願意過多地與領導交流，只忙自己的工作。遇到長輩、專家、權威者，他們會表現得很客氣，以拉開社交距離。他們對成為權威者興趣不大，更希望置身於事外。

小提醒：主動溝通可以讓你贏得更多的機會和資源，不妨試試看。

在溝通中，想要改變權威者的性格、習慣、溝通方式並不容易，更聰明的做法是確認自己的意圖、熟悉他人的習慣，找到最能建立信任的應對方法。

平行關係中的幾個困擾模式

我經常在協作的問題上，聽到學員抱怨：「我的同事很難溝通」「他太有控制欲了」「他太看重自己的利益了」「他太不負責任了」「我沒辦法跟他合作」這往往是因為雙方在平行關係中，打破了彼此信任的互動模式。

平行關係是指同事、商務合作夥伴、朋友等權利義務平等的關係。在心理學的解釋裡，平行關係的本質，反映的是我們的「同胞關係」。俗話說：「會吵的孩子有糖吃」，同胞之間天生存在對養育者「愛」的需求和競爭。一個人的平行關係模式，會影響其在關係中如何處理權力和利益。

1. 重權力也重利益：競爭模式

這樣的人在團體裡，特別容易成為不太受歡迎的「佼

佼者」。他們強調權力也追逐利益，喜歡比較和競爭，很難協作。在溝通中會說得多、聽得少，喜歡表現自己，也會想各種方法去爭取自己的利益。他們容易遭受冷落和嫉妒，因而影響溝通效果。

改變關鍵點：多聽少説，少主導多配合。

2. 重權力不重利益：控制模式

這樣的人追求控制感，總是強調要按照自己的想法和標準。在事情的推進中，比較看重自己對節奏、進度、情況的全面掌握，常忽略別人的感受。即使他認為在合作中不會傷害對方應得的利益，但這種理性的態度和強勢的溝通方式，往往不被他人接受，因為他人會在互動中感覺自己屬於被動的一方，不受重視。

改變關鍵點：溝通時多問對方：「你是怎麼想的？」

3. 重利益不重權力：自我模式

這樣的人對權力之爭不感興趣，只想維護屬於自己的利益。他們會較強調利弊、計算得失。為了不讓自己遭遇可能的損失，他們會在第一時間劃清界限、明確責任、撇清關係。

他們「很現實」，認為自己的所有付出都該有相應的回報。在溝通中，他們會因為太強調自己的底線，而讓對方產生不悅，所以很難在一些需要協作或者顧全大局的問題上，與他人達成共識。

改變關鍵點：把溝通中的「我」換成「我們」。

4. 不重利益也不重權力：逃避模式

在關係中維護自己的權力和利益其實無可厚非。以上3 種關係模式，都是因為過分強調自己的權力和利益，導致溝通和關係出問題。但如果走到另一個極端：因為厭惡競爭而逃避，假裝不在乎或者乾脆放棄自己應得的權力和利益，也不能解決問題。

這樣的人內心往往會由於挫敗感和恐懼感，形成「我是失敗者」「我是受害者」「我是不重要的人」等心理模式。在逃避關係的同時，也逃避了自己應負的責任，這會對溝通產生負面影養。

改變關鍵點：把「我不得不」「我沒辦法」改成「我決定」「我願意」。

> ## 3-2
> # 強勢的人如何改變說話習慣？
> # 應該、必須……這些詞少說！

　　關係模式對溝通的影響，是深遠且不容易被「量化」的，導致很多人在溝通中已經發生衝突，卻不知道「到底發生了什麼」「這是為什麼」。所以在溝通中，我們要能識別出他人覺得不信任、不安全的種種跡象，從而及時調整我們的溝通行為，這就是所謂的「察言觀色」能力。

識別 3 類不信任的訊號

　　3 類不信任的訊號如表 3-1 所示。這些訊號我們並不難理解，難的是在溝通中，特別是自己說到興奮的時候，還能保留一些精力留意對方的反應，並且能夠在第一時間就覺察。例如，提到某個人時，對方的眼神透露了一絲不

表 3-1 ▶▶ 3 類不信任的訊號

訊號	表現
語言訊號	出現應付、岔開話題、堅持己見、開始辯駁、激烈爭論、人身攻擊
非語言訊號	肢體緊張、迴避目光、表情變化、聲音變化
行動訊號	沉默、煩躁的小動作、接打電話、離場

滿；說到某個話題的時候，對方突然沉默了一下；從某個問題開始，對方好像在口頭應付等等。

我們不能等到這些訊號已經升級，變成了激烈的爭論和人身攻擊，對方憤然離場時，才恍然大悟：「哎呀，他有情緒了！」越早察言觀色，溝通越容易避免不必要的衝突。不安全訊號，最可能會出現在以下時機：

- 當你拋出自己的觀點，特別是這些觀點和對方不一樣的時候。
- 在你準備協商彼此的分工、利益、權力的時候。
- 當你準備深入事件的背後，想要去探討對方真正的想法的時候。
- 當你準備給對方一項工作或提出一個要求的時候。
- 當你想要宣佈一個決定或準備拒絕的時候。

改變容易引發不信任的對話習慣

在溝通中，有一些敏感的詞、不恰當的方式，特別容易引發對方的不信任感，我們需要特別留意，努力避免。

- 愛說「應該」「不應該」「必須」。例如「這件事就是你們部門應該做的。」
- 太絕對，不給別人留選擇的機會。例如「這不是我的責任範圍，我沒法處理。」
- 用詞太刻薄，給別人貼標籤。例如「這點小事你都做不好，是不是有公主病。」

另外，每個人都有自己的隱私、短處、不愛提及或者特別介意的事，這些也是我們特別需要留心處理的。

小練習

回想不被信任的訊號

請回憶過去不順利的溝通中，有哪些對方的不信任訊號被你忽略了，以及它們是出現在哪些溝通後呢？

對方的反應是什麼	我說了什麼，做了什麼

3-3
情緒上來時，
你可以做的小練習

　　我們可以按照上一節中，語言、非語言和行動三個方面的訊號，有意識地回顧一下自己慣常的衝動跡象。例如，「我說話的速度加快就是著急了！」「我不耐煩的時候，特別喜歡講大道理。」「我一緊張就會抖腿。」等等。我們要一一標記這些訊號，以便在以後的溝通中隨時捕捉到自己「情緒衝動」的到來。

　　還要學會留意，我們的「情緒衝動」一般都出現在什麼樣的情境下。例如，「我一遭受批評就呼吸急促、渾身緊張、心跳加快。」「我一遇到不合理的事，就想拍桌子、摔東西、走來走去，一定要找個人說說！」「我一見到某些人，心情就不好，說什麼都覺得不對。」對自己會衝動的情境進行分析，你就能提前預測，避免讓自己陷入

不信任的狀態中。

我們有時會特別想和別人分清楚對錯，還有時會特別想對別人解釋清楚：「難道你不知道這個是有問題的嗎？」「道理明明就是這樣，你怎麼就不懂呢？」「我就是想對你說清楚，我一定要讓你徹底了解。」

當以上這些聲音在內心反覆播放的時候，千萬注意，你已經有情緒了。要麼你太急於獲得認可；要麼你特別希望搖醒一個裝睡的人；要麼你覺得自己有理，別人就必須、應該聽你的。無論如何，此刻你並沒有你想像中得那麼理性。

小練習

回想導致情緒衝動的對話

請完成下表，回想哪些是經常導致你情緒衝動的對話情境。

情境（在什麼情況下）	
對象（和什麼樣的人）	
反應（會發生哪些負面情緒）	
你分析的可能原因	

第 **4** 章

說到一半失控了，怎麼辦——
黃金四問化解法！

4-1
攔截魔鬼對話的「黃金四問」，讓自己回歸理性

　　每當我們不小心打開一段「魔鬼對話」，往往會造成始料未及的破壞性後果，即使往往事後非常後悔，但當下似乎就是無法控制自己。所以我們要認識到「魔鬼對話」的破壞性，學會對它說「不」。

　　公司一位高層，下班後又回辦公室處理事情，發現辦公室的門已被秘書鎖了。他身上沒帶鑰匙，便撥打秘書的電話，卻一直沒聯繫上。這位高層很氣憤，發了一封措辭嚴厲的信給秘書，還轉傳給公司的其他幾位高層，以表達自己的不滿。

　　面對這位高層的指責，秘書並不買帳，她據理力爭地表示：在此次事件上，自己沒有任何問題，鎖門是為了安

全，工作以外的時間自己可以自由支配。

她還「勇敢」地提醒這位主管要注意說話語氣。最後，女秘書做出了一個驚人的舉動：把這封回覆給高層的信，同時也發給了公司的所有員工。

本來只是企業內部的一件「家務事」，沒想到這封信在網路上被不斷轉發，一時間鬧得沸沸揚揚。最後，兩位當事人相繼離職。

這顯然是一段讓當事人雙方都得不償失的「魔鬼對話」。主管和女秘書的這兩封溝通信件，帶來了中斷職業生涯的破壞性後果。為了避免這樣的代價，若遇到類似情況，我們需要學會在溝通中，問自己四個至關重要的問題。

攔截魔鬼對話的「黃金四問」

第一問：我想要的結果是什麼？

「結果」就是你溝通的目標，為結果而說，是打開天使對話的鑰匙。我們必須明白，想說的話與認為應該說的話，都不一定能給你想要的結果，反而很可能成為實現目標的阻礙。天使對話是追求信任，指向目標；魔鬼對話是丟失目標，被衝動控制。

所謂結果，不僅僅是當下的結果，還包括未來可能導

致的後果。這不僅僅是「一事一議」的結果，還包括一件事所波及的所有相關人事物。

此外，結果不是單一個人的勝利與否，還包括組織或團體是否可以共贏。對結果的思考高度和視角，決定了一個人的溝通策略。

在這個案例中，女秘書只是本能地想要捍衛尊嚴，可是她的表達方式並不能實現目標。如果她能夠再冷靜地想一想，自己想要的結果是什麼？如何才能真正地捍衛尊嚴？想和上司建立什麼樣的關係？想在這家公司獲得些什麼？個人的職業發展需要什麼？會不會因為這次的衝動受到影響？當她重新思考自己的目標後，恐怕就不會如此「果斷」了。

第二問：我這樣做違背原則嗎？

違背原則的溝通，很難達成目標，反而會受到環境的制裁。在溝通中，不僅要考慮自己的原則，還要考慮環境中的規則。我們需要遵守公司的規章制度、社會的法律規範和行業準則，以及社會的道德和良知，甚至是一些約定俗成的文化和習俗，這些都是「原則」，需要我們用心權衡。

女秘書的做法，也許沒有違背自己對工作之餘時間安排的原則，也許沒有違背自己對上級「坦誠溝通」的原

則。然而，她隨意發信給所有員工，這就違背了職場的規則。將你的原則和外界的原則相權衡，這是「從心所欲，不逾矩」的智慧所在。

第三問：還有更合適的方法嗎？

條條大路通羅馬，實現目標的方法也不只一個，溝通也一樣需要講究策略。在表達過程中，我們所選擇的方式、方法、場合、時機，都需要考慮。其實，如果女秘書不那麼針鋒相對地處理問題，而能夠管好自己的情緒，仔細想想是否還有其他辦法，事情完全有可能是另一種結果。

她可以選擇給主管單獨發訊息或寄信溝通，也可以選擇在與主管溝通未果的情況下，向更高級別的高層反映。當然，更好的方法是，平時就處理好和上級的關係，那麼這樣的事情也許就能避免。

第四問：我能為結果負責嗎？

權力和責任一體兩面，收益和代價相伴而行。在我們想實現一個結果的時候，也要權衡責任和代價。有人認為：「說了就說了，我可以承擔這個責任，不就是丟了一份工作嗎？再找一份就是！」這個想法恰恰是對自己前途的不負責。在我們的職業生涯中，每一個工作機會都十分

寶貴，每一位同事都可能是我們的貴人，每一個事件的處理都是口碑和職場信譽的積累。如果只逞一時之快，導致自己今後的職業發展有所阻礙，未免得不償失。

我們說出去的每一句話，不僅要對自己負責，還要對他人、對企業和社會負責。試想，如果是你發出了這封信，並由於網路轉載引發了企業的信譽問題，這個損失又該誰來承擔呢？

小練習

用黃金四問分析溝通問題

請找一個最近遇到或印象深刻的溝通問題，依照下表，用上述的黃金四問分析這個問題。

描述你的問題	
第一問：我想要的結果是什麼？	
第二問：我這樣做違背原則嗎？	
第三問：還有更合適的方法嗎	
第四問：我能為結果負責嗎？	

4-2
在氣頭上，記得打破當下狀態，給對話按下暫停鍵

在對話中遭遇情緒問題，甚至發生衝突都難以避免，如果不能有效打破狀態，只是聽之任之，就會對關係產生破壞性影響。很多時候我們覺得溝通中鬧個小矛盾、衝突很正常，回頭再重新緩和一下就好了。千萬別這麼想！因為在每一次魔鬼對話的瞬間，我們的心裡就像被釘下一顆釘子，即使之後拔出來，也會在心裡留下不可抹去的痕跡。

在團體治療小組中，每位學員都拿到一張 A4 白紙。帶領者邀請大家在心裡想著最重要的關係人，可能是父母，也可能是伴侶、孩子、朋友。然後，回憶自己曾經和他發生過的各種衝突。每回憶起一次就把紙折疊一次。幾次後，如果很難折起來，就用力把紙揉一揉。5 分鐘過

後，帶領者喊暫停，邀請大家回到現實，把這張紙打開，說：「如果這張白紙，代表你們的關係網，那麼現在它就是關係網的樣子。」

很多人沉默了，還有一些人努力地想撫平這張已經揉皺了的白紙，卻發現那些壓痕再也無法消除了。

一對一溝通中的打破狀態

1. 生理打破法

情緒是一種能量，經由身體將其疏導出去，是十分快速見效的方法。例如，深呼吸、散步一圈、喝一杯水或搓一搓手，這些都可以達到打破現狀的效果。

2. 注意力轉移法

我們可以把不愉快的對話暫停一下，彼此都出去透透氣，或者換一個輕鬆的話題。打破這個激發情緒的情境，注意力轉移後，情緒很快也就褪去了。

3. 對比法消除誤解

如果你知道自己的哪句話或哪個行為，觸動了對方的敏感神經，可以使用對比法，去平息對方的情緒反應。

「我不是這個意思……我是……的意思。」

「這個問題，以前是……現在是……。」

「我不希望你理解為……我希望……。」

會議溝通中的信任維護

1. 建立溝通機制

　　用事先約定的議程，或結構化的流程來進行會議，可以避免很多不必要的衝突，還可以大大地提高效率。例如，約定發言的順序，或對每個人的發言時間進行限制。又例如，約定在腦力激盪中可以暢所欲言，但不可以否定別人的提議。

　　再例如，規定在提出問題的同時，必須附加兩個解決方案。設置必要的溝通流程和原則，並由會議的主持人來監督大家執行，可以保障會議的節奏和氣氛，並提高效率。

2. 利用外化工具

　　可以使用白板將問題寫下來，也可以在解決問題過程中使用視覺的外化，還可以將各部門的進度做在一張甘特圖上，讓彼此可以看到進度。各種外化的工具，有助於給激動的情緒留有緩衝和消化的空間，也避免了衝動的語言

表達帶來的情緒問題。在動手的過程裡，人們的身心也會得到放鬆。

3. 情緒盤點法

在會議及大型活動結束時，為了整理大家的感受、增加團隊的信任，我們可以使用「LEARN」學習法進行分享，請會議室中的每個人回答以下 5 個問題。

L（love，喜愛）：「對這次會議，你最喜歡的是哪些方面？」

E（excite，激動）：「有哪些時刻最使你激動？」

A（anxious，焦慮）：「有哪些環節導致了你焦慮或不開心？」

R（reward，獎賞）：「會議中，你覺得哪些方面值得表揚？哪些方面需要改進？」

N（need，需要、落實）：「後續需要哪些資源，以及需要落實的計畫、採取的步驟是什麼？」

4-3
扭轉低氣場對話的 4 種模式

　　有時候，我們的內心會陷入悲觀，認為自己不值得擁有，也不太相信會被好好對待。這樣一來，自然會對他人消極防禦，給人留下負面的印象，或讓人感覺不適。因此，他人也會傾向給出消極甚至傷害性的回饋。這種環境和他人的打擊，又會反過來加劇一個人的自我否定，從而讓整個人陷入消極的氣場中。

不受歡迎模式的逆襲

　　一個認為自己不受歡迎的人，會特別害怕不被認可，對自己的認知也會忽高忽低。在人際關係中，會表現得患得患失、戰戰兢兢，與他人的互動中則會表現出：

- 沒有自己的喜好，忽視自己的需要。
- 強調或在不知不覺中，暴露自己的缺點。
- 做出過於高估自己的行為，喜歡表現。
- 過分討好他人。
- 故意與他人保持距離。

這種互動方式，會讓他人心生嫌棄，導致被羞辱、被攻擊，從而加深自己的被拋棄感。想要在不受歡迎的氣場中逆襲，你可以這樣做：

- 在社交場合保持微笑，努力看向別人的眼睛。
- 在溝通中不掩飾也不誇大自己，學會接受自己真實的樣子。
- 與對自己友好的人打交道，擁有屬於自己的支持者。
- 從熟悉的場合、能夠勝任的環境裡尋找自信。
- 尋找一個自己擅長的技能，適時地展現出來。

「I'm loser」模式的逆襲

擁有「I'm loser」的失敗模式的人，在互動中經常會表現出如下行為：

- 誠惶誠恐，對自己的失誤耿耿於懷。
- 總是努力錯方向。
- 過分準備、刻苦，無法放鬆。
- 不敢抓住機會。
- 挑戰超出自己能力太多的事。

失敗模式會讓他人心生輕視，甚至導致被忽略、被貶低，從而加深一個人的失敗感。想由失敗的氣場中逆襲，你可以這樣做：

- 在溝通中不再說消極暗示的話，例如：「我不行」「我怕不能完成」「如果失敗了怎麼辦」。
- 勇敢去接受一些經由理性評估可以勝任的任務，努力去完成，並記錄下自己成功的感覺。
- 反覆回憶自己的成功體驗，將它們深深地記在心裡。告訴自己：「我可以！」「我能！」
- 不要給自己制定太高的標準和太大的壓力。
- 不輕易許諾，沒有把握的時候可以說：「我願意試試看。」

受害者模式的逆襲

有些人會特別傾向把自己的糟糕處境歸結為：「自己受到了傷害。」擁有這種模式的人缺乏安全感，在與他人的互動中會表現出：

- 依附他人，要求保證。
- 猜疑，疑神疑鬼。
- 害怕自己被利用、被迫害，而提前做出逃避或傷害的行為。
- 說話拐彎抹角，覺得別人不懂自己。
- 容易抱怨、到處傾訴，覺得自己無辜可憐，與對自己不好的人交往。

這種受害者模式會使他人心生厭煩，導致被攻擊、被拋棄，從而使自己真正受到傷害。想由受害者的氣場中逆襲，你可以這樣做：

- 首先，停止抱怨。
- 嘗試向安全和可信賴的對象，表達受傷的感覺。
- 認真地問自己，為什麼不離開傷害自己的人、傷害自己的工作環境。認真審視自己，在這份關係裡獲

得的「好處」，例如，可以依賴、可以推卸一些責
任、可以讓自己獲得一些道德上的優越感等等。

- 接受自己現在還不夠強大的事實。
- 決定為自己承擔責任。
- 找出 5 個積極改變的理由。

改變自身的消極模式

請經由完成下表，觀察身邊的人是否存在消極模式？如果自
己也有這樣的模式，可以經由怎麼說、怎麼做來改變。

消極模式	他會 怎麼說	他會 怎麼做	我可以 怎麼說	我可以 怎麼做
不受歡迎模式				
「I'm loser」模式				
受害者模式				

第 **5** 章

會議中氣氛低迷，如何化解？
打造氣場 3 效應！

5-1
微笑、熱情、信任，讓氛圍 high 起來！

　　信任感是一個看不見摸不著的事，卻發生在我們時時刻刻的溝通中。心理學家進行了大量的研究，為我們揭開如何產生信任的祕密。

熱情效應

　　心理學家曾做過一個實驗，目的是找出影響第一印象的最重要因素。他們發現，得體的熱情是良好的第一印象首要決定因素，而冷漠則是第一印象不好的首要原因。

　　換句話說，如果你給別人的第一印象是熱情的，即使行為上有所欠缺，也可能會被他人忽略。相反，如果你給別人的第一印象是冷漠的，即使表現得聰明能幹，他人也

會忽略這些優點，對你產生不好的印象。因此，適度地展露熱情，是建立信任的基礎。

微笑效應

　　20 世紀 80 年代，心理學家做了一項有關微笑的心理學實驗。實驗將參與者隨機分為兩組，觀看同一部影片，影片的故事情節有喜有悲。第一組人被要求用牙齒咬住鉛筆，於是嘴咧開呈微笑狀態觀看；第二組人被要求用嘴唇抿著鉛筆，於是嘴角成向下狀態觀看。

　　調查結果發現，用牙齒咬著鉛筆的參與者，會從影片中看到更多令人開心的事情，始終保持高興的情緒；而用嘴唇抿著鉛筆的參與者，會更受到影片中難過的事情影響，情緒頗為悲觀。

　　這是因為大腦可以感受到特定面部肌肉的收縮，當你的嘴角肌肉上揚時，大腦會認為你肯定是遇到了什麼值得高興的事，正能量的畫面自然就被記憶下來。因此當你微笑的時候，不僅會從環境和其他人那裡感受到積極的情緒，也會讓你身邊的人的情緒好起來，信任的氛圍就在不經意間產生了。

相信效應

羅伯特・羅森塔爾（Robert Rosenthal）是一位美國的心理學家，他做過一個經典的心理學實驗。實驗中，他把一批學生隨機分為實驗組與對照組，並且告訴老師們：你的這組學生都是通過測驗，資質出色的高智商學生，而另一組只是普通學生。一段時間之後，神奇的事情發生了，被預言資質出色的實驗組的學生們，成績明顯高出對照組的學生。而實際上，這份預測並沒有任何根據。

羅森塔爾等人將這項實驗中發現的現象，稱為「羅森塔爾效應」，也被稱為「期望效應」。證明外界的期望、信任和讚美，可以影響一個人的表現。因此，你發自內心對別人的欣賞和信任，就是建立信任關係的秘訣。

小練習

自由書寫整理內心想法

進行 10 分鐘自由書寫，可以獨自進行也可以加入書寫團體。目的是經由書寫整理內心的想法，讓自己的對話模式逐步清晰。以「那一刻我簡直感覺糟透了……」為開頭，寫下難忘的一次失敗溝通經歷。不必在乎格式和修辭，也不必在乎自己的想法對不對，就只是真實地寫出自己的內心想法。筆不能停，在 10 分鐘的時間裡一直寫下去。

寫完後讀給自己聽，看看有什麼發現。

5-2
學會在對話中多表達一點「肯定」

　　能在溝通中給予別人肯定，不僅是一個技巧，更是一種能力。積極的肯定包括認同、讚美、表揚，以及一切可以提升對方自信心的行為。能肯定別人的人，一定也能肯定和欣賞自己。這不僅喚醒了對方「自我實現」的預言，而且也讓自己的心靈獲得同樣美好的力量。

在對話過程中表達認同

　　我們在溝通中經常有一個誤區就是，如果我向對方表達認同，那麼之後我就只能聽從對方的「擺佈」了。例如，一個主管若認同一個下屬，為什麼還會批評這個下屬？又例如，明明要與同事探討一個利益的衝突，若自己

認同了他，不就等於要出讓自己的利益，喪失了自己的立場嗎？這些都是對認同的誤解。

「認同」不等於「同意」。認同不僅僅是同意某個觀念、某個做法，還包括更廣泛的意義：對他人的某些行為、情感、動機的理解和支持。而認同的最高境界，是在求同存異的背景下，對於人的信任。

在對話中，我們可以從行為、情感、動機三個層面，尋找自己認同的，及對溝通結果能產生積極影響的因素，以建立彼此的信任關係，對他人實施積極的引導，推進溝通結果的實現。

關於以下這個場景，你會如何表達認同呢？在一個跨部門會議上，某部門的同仁 A，表示他們的工作很有難度，說：「我不是發牢騷，我們部門的工作難度很高，而且連續加班還得不到上級支持。」參考答案如下：

- 行為認同：「我昨天比較晚走，看到你們都還在加班，的確太辛苦了。」
- 情感認同：「工作難度高又得不到支持，我明白這個心情。」
- 動機認同：「我知道，我們都一樣，都是為了解決工作上的問題而努力。」

在社交關係中學會讚美

1. 讚美的第一個要訣是「真」

　　一個人能夠給別人真誠的讚美，內心必須有力量，才能給出一個「由內而外」的真心讚美。因為他必須懂得欣賞，也願意付出，這都是給出真誠讚美的前提。

2. 讚美的第二個要訣是「實」

　　讚美要從具體的細節入手，要「證據確鑿」。例如誇對方：「你真有氣質。」不如說：「你這條圍巾配上這套洋裝，真是特別有氣質。」圍巾搭配洋裝，這就落實了具體的細節。

　　還要從真實的事物出發，讓人身臨其境，因此要學會「情境再現」。例如誇對方：「太優秀了。」不如說：「上次主管臨時要一個企劃書，大家都急得不知道怎麼辦。你不僅把事情全接下來了，而且在那麼短的時間內把簡報做得又全面又有深度。我看到裡面很多資料，一定是平時就累積的，你真是太優秀了。」真實的情境再現，會讓人特別有共鳴。

　　讚美還要有獨到視角，獨特的品位，要能讓別人「豁然開朗」。例如誇一位節目製作人，你可以說：「我看過很多關於人物的訪談節目，你剛剪輯好的這集，是我看過

最有感覺的。你總是能讓我們看到平時被忽視的人群，又能展現出他們的個性，我想這是因為你的直覺特別敏銳。」

讚美還要能給別人正面賦能，要讓別人聽了之後感到「充實」。例如，你說：「你是個好媽媽。」不如說：「你總是說工作太忙，沒時間陪伴孩子，但我看到了你的責任感，相信你一定是一位好媽媽。」

3. 讚美的第三個要訣是「情」

對於用情的讚美，你可以使用以下話語。

「你的……讓我想起……真是太好了。」

「你的……特別……我好羨慕／喜歡啊！」

「今天你的……很不一樣！」

「我知道你這樣做是為了……你真是了不起。」

「你做了……我特別感動。」

5-3
解析原生家庭，你就能理解「他的失控行為」

　　我們每個人的溝通方式，幾乎都是在兒時經由無意識模仿習得的，深刻受到原生家庭影響。因此很多習慣已經潛移默化，一些不盡人意的「壞習慣」很難被我們發現。對原生家庭溝通方式的觀察，有助於我們清晰認識自己的溝通方式，也能在家庭關係的互動裡，找到自己不經意中開啟的天使對話或魔鬼對話。

父母給予愛的方式

　　你的父母是忙裡忙外地照顧你、為你做飯、幫你收拾房間？或是經常詢問你的成績和生活，給你鼓勵？或者是對你無休止地擔憂，過度侵犯你的界限，讓你按照他們說

的去做？可以多多去觀察他們如何理解愛，又如何表達愛。

行為方式的模仿

你的哪些行為方式有和父母一樣的痕跡？例如，說話的樣子、常使用的句子。觀察你和伴侶相處的方式，有哪些和父母之間的相處方式類似。你的舉手投足、如何吃飯、如何收拾屋子，都會藏著很多模仿的痕跡，可以在生活中體會，一一標記出來。

表達期待的方式

表達期待是溝通中的重要任務，有效表達才能加深理解、促進關係，否則就會破壞關係。當你的父母有期待、有需要的時候，他們彼此之間是如何溝通的呢？當他們對彼此不滿意的時候，又是如何處理的呢？你和他們像嗎？

壓力狀態下的應對方式

當你的父母面對壓力時，他們是如何處理的？是會變得堅忍不拔、彼此支持，還是推卸責任、彼此抱怨。是喜

歡默默一個人承受，還是喜歡向別人傾訴。你和他們又有
什麼相似之處嗎？

人生態度的影響

　　你的父母有哪些人生態度在潛移默化中影響著你？你
有哪些內心的聲音和父母的態度重疊呢？這些聲音既包括
積極的，例如「一分耕耘一分收穫」；也包括消極的，例
如「做人絕對不能吃虧。」

　　對原生家庭關係清晰化的過程，不是一蹴而就的，我
們需要不斷體會、不斷覺察、不斷標記、不斷澄清、不斷
總結。對於和家庭關係有太多不安全因素、和父母的關係
有太多衝突的朋友，可能還需要接受專業的心理諮詢幫
助。因為你和父母的關係，很可能會比較糾結，有很多複
雜的情感交織在一起，導致我們自己很難看清，也很難去
改變。

小練習

觀察家人的互動模式

請填寫下表後，對自己的原生家庭互動模式進行調查，可參照上文中的 5 大項進行回顧。

父親的優點	我繼承的優點	母親的優點	我繼承的優點
父親的缺點	我像他的地方	母親的缺點	我像她的地方

第 **6** 章

為何被對方一問，就支支吾吾呢？
訓練內心強大法！

6-1
內在穩定的 3 種自我練習

　　想經由打開天使對話建立信任，我們必須保持由內而外的安全感，有效控制對話中的情緒劫持，對他人保持尊重和欣賞，使對話的內容保持開放，並釋放信任的訊號。

　　這需要提升兩方面的心智力量，一個是維持內在穩定感，傳遞信任感，做個值得信賴的人；一個是轉化非理性信念，徹底處理溝通中反覆出現的情緒問題。

　　自我的內在穩定，有 3 大基石，它們是效能感、價值感和資格感。效能感是對自己能力的自信，也就是「我能不能？」價值感是自己受不受歡迎的自信，也就是「我值不值得被愛？」資格感是自己配不配得上的自信，也就是「我有沒有資格？」。

　　內心擁有強大力量的人，對自己、他人和世界，能給

出積極的假設，也比較有安全感。他們相對樂觀，認為自己可以勝任、值得擁有，也相信自己會被好好對待。這能讓他們表現得更積極主動，給他人留下正面印象。因此，他人也會傾向給予積極的回饋，又進一步加強他們的自我力量，從而進入一個正向的循環。

提升效能感

效能感低的人容易出現這樣的一些想法：

「我不能勝任。」

「任何事我都做不好。」

「我沒有力量。」

「我不夠好。」

「我是一個失敗者。」

發現和使用自己的優勢

肯定自己，發現自己的優勢，並不斷提升和訓練優勢，然後經由這個優勢獲得現實的價值。這是讓我們能夠感覺到「我能」，變得更加自信的最有力根基和保障。

在充分發揮優勢、做自己喜歡和擅長的事情時，情緒會傳遞愉悅滿足。所以，要細細體會自己做哪些事時，容易獲得成就感和滿足感。觀察自己是否「從心所願」，是

一個非常好的驗證方法。發揮你的優勢，做你擅長的事，總能取得一些成績、獲得一些回報，還容易得到他人的肯定，這些又會讓你在某個領域變得更加出色。

提升價值感

價值感低的人容易出現這樣的一些想法：

「我不討人喜歡。」

「我不受歡迎，註定會被拒絕。」

「我沒有吸引力。」

「我是多餘的、被忽視的。」

「我會被拋棄，我必定孤獨。」

取悅自己，提高快樂的能力

我們要學會對小確幸心生歡喜，並多和快樂的人在一起。在我們身邊，總有一些人活得輕鬆自在，自娛自樂，不會被社會的枷鎖所桎梏。

你說他們胸無大志也好，說他們「無所事事」也罷，畢竟他們是開心愉快的，若多學習他們的人生哲學，就能找回屬於自己的快樂生活。

提升資格感

資格感低的人容易出現這樣的一些想法：

「我毫無價值。」

「我很壞，我有罪。」

「我不配活著。」

「我是受害者。」

破除資格感的障礙

長期被否定、比較、忽略，甚至被虐待，都會損傷一個人的資格感。資格感是隱藏於更深層的內在感覺，往往和內疚及羞恥感這兩種情緒有關。

小練習

用寫和讀恢復資格感

請在一張白紙上寫下這些詞：成功、富裕、漂亮、好運氣、休息、娛樂、吸引異性、幸運等你想要擁有的東西。

然後安靜地閉上眼睛、深呼吸，讓自己放鬆後，再睜開眼睛，以「我有資格」為開頭，加上這些詞補齊句子，並清晰勻速地把這些句子讀出來。例如，「我有資格成功」「我有資格富裕」「我有資格漂亮」「我有資格好運氣」「我有資格休息」……

關於以上的小練習，你可以一邊讀一邊體會，看看讀到哪個詞的時候「卡關」，或你的心裡晃過了一點懷疑，甚至說不出口，這些地方很可能就是你資格感的匱乏點。把這個詞圈出來，不停地大聲重複朗讀，直到可以毫無疑問地順利讀完。

在這個過程裡，你也許會想起很多往事，有一些情緒浮現，這都是你的內在感覺被重新整理的過程。如果這個情緒是可以承受的，就大聲地朗讀出來，讓內心聽到這個真誠而有力量的聲音。如果出現的情緒讓你很難承受，就停下來，也可以嘗試尋求專業的幫助。

—— 自我提升小作業 ——
發現自己的優勢

　　發現並認可自己的優勢，挖掘自己無盡的潛能，是提升自我價值感的根基。請你根據前文介紹的方法，尋找自己的優勢，並認真地為自己的每一個優勢命名，填寫好下面的表格。也可以用圖畫的方式，把你的優勢生動地展現出來。

我的優勢	能量評等（1~10）	特點描述	發揮領域

6-2
ABCDE 情緒日記，幫你轉化情緒、化解衝突困擾！

　　心理學家有一句經典的結論是「人並不是為事情困擾著，而是被對這件事的看法困擾著」。

　　在日常的工作、生活中我們會發現，有一些情緒問題是反覆出現的，例如，你一遇到強勢的上級就會憤怒。在這些反覆出現的事件和負面情緒的背後，到底是什麼樣的想法束縛了我們？經由一個重要也非常實用的情緒管理方法──ABCDE 信念轉化法，我們可以解決自己長期存在的情緒困擾。

ABCDE 信念轉化法

　　我們通常認為，是事件 A 引起了我們的情緒和行為

C，即 A→C。可是細細體會不難發現，事實並非如此。面對同樣的事件 A，不同的人所產生的情緒和行為 C 是不一樣的。即使是同一個人，在不同的情形下，遇到同樣的事件 A，產生的情緒和行為 C 也不盡相同。

　　例如，遇到強勢的上級，你很憤怒！這時 A 是強勢的上級，C 是我很憤怒。可是其他同事面對同樣的主管，他們的反應可能就沒有你那麼強烈。也就是面對同樣的 A，不同的人的結果 C 不太一樣。

　　再例如，遇到強勢的上級你很憤怒，但你無意中發現，上級也有很溫暖的一面。之後，你再看到這個強勢的人，就突然覺得沒有憤怒了。也就是面對同樣的 A，在不同的時間、不同的情形下，你自己的這個結果 C 也不太一樣。

　　所以我們發現，誘發性事件 A 其實只是引起情緒的導火線，而人們對誘發性事件所持的信念、看法和解釋，我們把它稱作 B，才是引起情緒更為直接的原因，即 A 誘發了 B，才產生了 C。

　　ABCDE 信念轉化法，幫助我們在情緒出現後，經由自我反思，找到引起衝動情緒背後隱藏著的「看法」，也就是我們的信念。在這個信念被替換或升級後，我們對待某件事、某個人的態度就會有所轉變。下一次，當再次遭遇這個導火線的時候，我們的情緒反應也就不一樣了。

信念轉化法的 5 個元素

A. 指事件，誘發你的情緒和衝動的事件。

B. 指舊的信念，個體在遇到誘發事件之後，對該事件的想法、解釋、態度和評價。

C. 指後果，某件事發生後，人的情緒、身體和行為反應。

D. 指反思，對舊的信念 B 進行辨析。

E. 指新的信念，我們用一個新的想法代替舊的想法，從而轉變了態度。

你可以按照以下步驟，來完成自己的 ABCDE 情緒日記的具體使用步驟。

- 第一步，在 A 欄填寫誘發難過情緒的事件。
  A：主管很強勢。
- 第二步，在 C 欄寫下不愉快的感覺，和你所採取的行動。
  C：我很憤怒（情緒）；心跳加快，呼吸急促，血液往上湧（身體）；據理力爭，跟他對峙（行動）。
- 第三步，在 B 欄寫下你的內心語言，回到發生情緒的那個情境，體會在那一刻時你的想法和信念。

　　想法和信念有什麼區別呢？想法是自動湧現出來的，而且很短暫，如果不被提醒或主動去回想，常常會忽略。但是，就是這些想法影響了我們的生活，例如，當你看到強勢的主管時，可能有一個想法：「他一定會強迫我」，於是你可能就會生氣。也可能你在腦中閃現的想法是：「跟他對峙會有麻煩」。

　　於是，你可能會焦慮、恐懼，繼而開始考慮是不是要趕緊想點辦法。這些想法是自動出現的，很難當下覺察，也很難即時去評估想法的合理性、準確性，會進入一個習慣的慣性模式中。接下來，很多情緒反應就發生了。

　　所以要先盡可能回憶產生了哪些想法，或者再現情境，假設又回到了這個情境中，看看自己會怎麼想。找到並寫下自己的一些想法後，接著做兩件事。

　　第一件事：判斷這個想法是不是引起 C，你的情緒反應的源頭。

　　例如，你的想法是「他一定會強迫我！」所以你很憤怒，這個想法就是產生憤怒的源頭。但如果你的想法是「跟他對峙會有麻煩」，這個想法就不太會產生憤怒，而是產生恐懼，那麼可以暫時忽略它。

　　第二件事：把所有真正引發你情緒的想法列出來，我們要去找到想法背後的信念。

　　想法是最淺層的認知，直接與情景相關；而信念比想

法更抽象，對你的影響力更大。信念通常表現為態度、規則和假設，它才是真正導致你情緒失控的更深層次的原因。例如：

態度：「每個人都不可以強迫其他人。」

規則：「做一個好領導，就是要尊重下屬的想法。」

假設：「如果他很強勢，我根本沒辦法按照自己的想法去做。」

● 第四步，在 D 欄對自己的想法和信念，做自我質疑和反思。

寫下在這件事情中，對你的負面情緒最有影響的 1~3 個信念，並問問自己以下幾個問題。

(1) 有什麼證據能夠證明你的想法是正確的？反面的證據又有哪些？

(2) 有沒有看待這個問題的其他方式？或導致問題的其他原因？

(3) 最糟糕的結果是什麼？如果它真的發生了，你該如何應對？最好的結果會是怎樣？對於這個情境最有可能實現的結果是什麼？

(4) 相信你的想法會帶來什麼樣的結果？如果你改變想法又會怎樣？

⑸ 如果你的朋友或家人在這個情況下，產生了與你一樣的想法，你會給他什麼樣的建議？

⑹ 你應該或者可以做些什麼？

● 第五步，在 E 欄寫下一個深思熟慮的新想法，來代替舊想法。

相信經歷以上的 5 個步驟後，你一定有了一些新感悟，來找到新的信念和想法，讓自己改變這個處境。例如：

「面對強勢的人，也可以找到合適的溝通方法。」
「我要先處理自己的憤怒，也會努力找更好的對策。」

當你有了新的想法，下一次情境再現時（強勢的主管又出現，對你提出了新的要求）時，你的新想法就會開始對你產生新的影響。它能讓你更快地平復情緒，打斷以前的情緒反應和行為。你慢慢地開始嘗試用一種新的方式去對待問題，溝通也會隨之發生轉機。

——— 自我提升小作業 ———
ABCDE 情緒日記

　　第一步，請選擇一個反覆出現在對話中的情緒問題，使用下面的方式記錄，並嘗試進行自我分析。

A 發生了什麼？	
B 我的想法有哪些？	
C 產生的後果（情緒／身體／行為）	
D 自我反思	
E 新的替代信念	

　　第二步，當這個情境再次發生時，利用下表，嘗試記錄自己的改變和感悟。

A 再次發生了什麼？ （或者發生類似的什麼）	
B 我的想法有哪些改變？	
C 我發生了怎樣的變化？ （更好的／更不好的）	
D 自我反思，哪些想法起了作用？ （好的作用／不好的作用）	
E 新的替代信念及感悟	

第 **7** 章

你是否常常贏了話，卻失了人心？
別事事講贏對方！

7-1
對話案例：腦力激盪的滅火者（因為你說的都對？）

　　我們往往難以意識到，「想要說服對方」這個出發點，才是達成共識最大的障礙。我們以為只要自己有理就贏了，但這只會導致「無效的說服」。因為，沒有人願意站在錯的一方，沒有人想要輸。即使有些談話看上去很順利，雙方似乎達成了共識，實際情況卻可能因為一方出於討好或者被迫妥協，而留下「後遺症」。

　　你也許遇到了以下問題，都能在這一章中找到答案。

- 在溝通中雙方觀點不一致，都想說服對方、都想按照自己的想法來，最後不歡而散。
- 強調對錯，或者強調「這是主管的要求」「規定就

這樣，必須執行」而導致僵局。

- 在溝通中為了分清楚是誰的責任，導致對話無法繼續。
- 使用自己的權力或者利用自己的專業、經驗上的優勢，讓對方不得不認同。
- 下屬缺乏主動性，讓他按要求做卻又不太情願。

在產品新功能開發研討會上，同事在會議室熱烈討論著，大家信心滿滿地，想要利用這次的功能升級，讓產品一躍成為「爆款」。

為了打開思路，大家開始腦力激盪，你一言我一語，天馬行空暢談對新功能的想法，越聊越興奮，很多精彩的創意和點子紛紛閃現出來。

這時候，一位同事 C 終於忍不住了，站出來說：「我覺得大家的想法都非常好，但是我覺得，是不是要先考慮一下開發成本，不要太異想天開了。」

會議室裡的氣氛頓時變得尷尬起來。

剛剛才提出了一個新功能的構想的 A，生氣地說：「大家打開思路才能有好想法，你能不能不要打擊大家的士氣！」

C 不服氣地回應：「我哪是打擊士氣？我不是說了大家的想法都很好嗎。但難道我們不需要考慮成本嗎？」

同事 B 出來打圓場：「成本要考慮，想法也要創新嘛，都沒錯，我們繼續，繼續……」

「我不是不贊成創新」C 打斷了同事 B 的話，「每個人的時間都很寶貴，我們討論了快一個小時，有找出可行的方案嗎？我認為應該針對問題，現實一點討論。如果不考慮成本，就算討論出再多點子，若最後都不能實現，又有什麼意義呢？」

「討論本身難道不是意義嗎？開拓思路不是意義嗎？大家相互交流難道沒有收穫嗎？」A 不服氣地反擊。

「開發產品是商業行為，公司運營是要考慮成本和利潤的。我們開會是在工作，是為了解決問題，那麼是不是應該有效率一點呢？」C 激動地站了起來。

說到這裡，大家都有些沮喪。發起會議的同事，不得不宣佈：「好了，我們今天的會就先到這裡了，明天我再約大家的時間。」

大家陸續走出會議室。C 還想拉住 A 解釋：「我並不是針對你……」

「你說的都對！」但 A 拒絕他的解釋：「算了，我要去忙了！」C 感到很無辜，被晾在會議室門口，心想「難道我說錯了嗎？」

7-2

原始的大腦 vs. 進化的大腦，你如何進化？

人類大腦的進化

前額葉皮層位於額頭的正後方，它位於大腦最前端的部分因而得名。前額葉是人類獨有的高級大腦功能區，像整個大腦的首席執行官，與所有腦部都有聯繫。它合成由軀體、情緒及認知等各種管道傳遞出的訊息，並加以整合，處於大腦計畫與決策迴路的中心地位，同時還負責控制衝動行為與動機。

從現實層面來說，前額葉將我們的內部認知與外部世界及未來結合起來。它會對外界發出的社交訊號進行判斷，決定如何做出反應。同時也經由解釋內部訊息的神經衝動和生化過程，幫助我們做出本能的判斷，從而促進自

我調節和社會交往。額葉是大腦進化而來的，讓人擁有協調內在世界和外在現實的心智化過程。

啟動高級的大腦功能

在對話中，當積極說服他人同意我們的觀點，在競爭中想要「贏」的時候，體內的多巴胺就會升高，產生一種自然的快感，這是大腦獎賞中樞的一部分。「贏」會讓我們感覺良好，卻會讓對方感覺糟糕，不過我們通常意識不到這一點。

只有當感覺自己無法說服對方，或對方咄咄逼人，我們有可能會「輸」的時候，才能體會這種糟糕的感覺。大腦認為我們受到了威脅，會釋放出神經遞質，使前額葉皮層停止工作。這時候，杏仁核就接管了我們的大腦，戰鬥、逃跑、僵持或讓步等僵化的本能，轉而佔據上風。這些本能已經進化了數百萬年，瞬間就會讓我們的高級智慧功虧一簣。

聰明的談話者，不僅不會讓自己跌落回「原始部落」，還會懂得如何讓對方也保持「文明」的狀態。他們向對方伸出橄欖枝，即使面對視為敵對的人，也嘗試與他們建立信任、給予尊重。這將啟動大腦的額葉部分和更多功能區，讓我們不再沉溺於對錯、輸贏、你死我活的原始

反應，將防禦式對話轉變為開放式對話。

　　此時，催產素被激發，它能夠使我們感到自己被關愛，可以創造如母親的擁抱一般安全和美好的幸福感。講到這裡，你是否就可以理解前述案例中 C 的困惑了。

　　「難道我說錯了嗎？」C 說話的內容可能沒有錯，但他這種一定要論個對錯的對話方式，卻無意中啟動了對方的糟糕感覺。因此當別人對你說，「你說的都對」的時候，通常並不是因為他認為你是對的，而是因為他已經很不開心，想要結束和你的對話了。

7-3
對話案例：不一樣的年度會議（成功的總結方式！）

每一次的月度總結會，都是市場部員工的噩夢。

會議的例行流程被員工們稱為「三道鬼門關」。第一關是彙報本月工作，一定要講出自己需要改善的地方。第二關是「責任到人頭」，要針對本月最困難的工作以及沒有解決的問題，分析原因，落實責任，並且定下限期解決。第三關是「指派」下個月的任務，以及考核標準。

雖然會議中也有表揚和獎勵的環節，但大家覺得這只是走個過場，得到獎勵的同事也沒有感到受鼓舞。

又到了月度總結會的時間，大家開始無奈地準備會議資料。沒想到這時大家收到了一封信，通知會議改到渡假村進行，明早穿便服一早在公司集合，一起前往。同仁間面面相覷，又興奮又忐忑，不知道主管葫蘆裡賣什麼藥。

渡假村環境十分清靜悠閒，讓人瞬間放鬆。會議室的光線很柔和，有一排掛著淺色紗窗簾的大窗戶，可以隱約看到窗外的綠色植物。

「大家都到齊了，我們開會。」部門經理一改嚴肅的西裝，穿了一套休閒服說：「我們按照流程，第一步還是工作彙報」經理說到這裡停了停，「不過，這一次我們做些改變，大家報告完自己的工作以後，說一說這個月自己的最大進步，或者最出色的成績是什麼。」

聽了這話後，大家睜大了眼睛，開始小聲討論。「什麼情況，不會是又要套我們話吧。」「沒準備這個內容啊，不都是要說不足嗎？」「淡定，淡定，往下聽……」

經理好像已經預料到這個結果，深吸了一口氣，繼續說道：「每個同事彙報完以後，大家也可以講一講，在這個月從這位同事身上看到的亮點。」

「好，我們開始吧！」第一位同事硬著頭皮走上台，他最後小心翼翼地說，自己在這個月的市場活動中嘗試了新方法，效果還算不錯。說完，用餘光瞄了下經理的反應。之後輪到該給這位同事表揚的時候，大家都感覺有些彆扭。直到經理站起來真誠地說：「你能嘗試新方法，這一點我覺得特別好。」氣氛才徹底放鬆下來。

接下來，奇妙的變化開始發生，彙報工作的同事越來越有自信，會場裡笑聲不斷，對彼此的誇獎也讓人感受到

從未有過的團隊溫暖:「原來,大家出色地完成了那麼多的工作,我們真的都很棒。」

會議進行到第二個環節,探討重點問題的解決。部門經理邀請一位講師加入會議,這位老師經由引導,帶領大家選擇問題,進行現場模擬。老師像變魔術一樣,拿出很多小道具。大家一會兒把想法寫在小紙條並貼上牆,一會兒在沙盤上分析問題發生的各種可能性。

之前最嚴肅的環節:問題分析和責任鑒定,被問題解決和行動方案所替代。每個人都放下了自我保護,不再相互推卸責任,大家熱切地加入討論,發表自己的看法。討論結束後,竟然有兩個連續幾個月都無法解決的問題,找到了可行的解決方案。

在最後的下個月工作計畫環節,往日令人為難的氣氛一掃而光。大家對自己未來的工作和表現,都充滿了期待。講師還建議大家使用圖畫的形式,把自己下個月的工作目標「畫出來」。

半小時後,一幅幅「目標藍圖」張貼在會議室的牆上,猶如一道美麗的風景,大家在這面牆前合影留念。幾天後,這張照片被命名為「重新起航」,放大後掛在辦公室最醒目的地方。一張張笑臉,見證了這個奇妙的改變。

7-4

大腦額葉決定了我們的社交行為，因此⋯⋯

前額葉是人腦中憑理性發號施令的指揮中心，它決定我們的主觀規劃和思考，監控思維、設法解決問題、調節過激情緒。在對話中，如何有效協商、制定目標、分析解決問題、推進未來計畫等，都需要啟動額葉。這不僅與人的自我意志和個性息息相關，更決定著我們的社交行為的影響力。

糾錯功能

威斯康星卡片分類測試，是常用的神經心理測評方法，可以部分反映前額葉的糾錯功能。被試者被要求按照撲克牌的三個要素（數字、顏色、形狀）中的一個，將牌

進行配對。譬如被試者一開始是按照數字來配對，這時測試者告訴他「錯了」，他得到這個訊息後不再按照數字分，轉而按照顏色分；測試者說「對了」，這時被試者就知道配對的規則是顏色而非數字。在他多次按照顏色分類來做反應之後，測試者會突然改變規則，且不告訴被試者。

當被試者還在按照顏色分類配對卡片的時候，突然收到回饋告訴他「錯了」。這時正常人一般試兩次就可以再次找到新規則了。但前額葉功能存在障礙的人，卻很難做出這種改變。

糾錯功能對於人類適應外界變化，是非常重要的。例如做一道菜如果口味重了，試了兩次，就會調整佐料的用量；做一件事時，試了幾次不成功，就必須改變做法。過於刻板和僵化的人，很可能是額葉的功能受到了限制。

訊息整合功能

進入大腦的訊息是如何整合的？當有人與你談到東京鐵塔的時候，如果你去過那裡，會馬上在大腦的不同部位顯示不同的訊息：一塊顯示東京的地理位置，一塊顯示它的外形，還有一塊可能保存著你在塔下排隊時的焦躁感覺等等。

　　此時前額葉皮層的整合功能，可以對來自不同腦區的不同訊息進行整合，最後形成關於東京鐵塔的整體印象。我們對一個人的印象、對一件事的判斷，也來自於這樣的整合過程，這是前額葉很重要的高級功能。

規劃目標功能

　　一個銷售員要完成當月的銷售業績目標，他會先把目標業績分解為要完成銷售的產品數量，再推斷出要完成銷售這些數量的產品，需要成交多少份客戶訂單。然後他還要規劃，自己需要搜集和整理多少個客戶的資料，要完成多少次電話和拜訪，才能完成最終的業績。

　　如果把完成一件事作為一個大目標，正常人會經由規劃將其分解成幾個子目標逐一完成。但當前額葉出現問題時，這個人就無法協調安排子目標和統籌各種進展了。

構築未來願景

　　我們的新皮層能夠用語言和圖像來描繪未來成功的樣子，向前額葉皮層發出可以安全開放的訊號，我們將在關係裡從關閉心扉，從感受到威脅、排斥、抗拒、報復、敵對、猜測，變為開放、尊重、融洽、關心、坦誠、互相訴

說意圖，不加主觀臆斷地傾聽。

如此一來，我們可以從不切實際的期望、失望、主觀臆斷、以自我為中心中解放出來，變為能夠換位思考，對他人的境遇感同身受，能夠容忍對方另一種看待現實的觀點，能夠與他人建立關係，鑒別理想和現實的差距，為共同成功而努力。

在舒適、輕鬆的環境中談話，能夠更加關注彼此的認同和欣賞，由批評、指責、懲罰，變為表揚、建議、獎勵。創造彼此信任和開放接受各種觀點的對話氛圍，可以讓我們重新啟動前額葉，釋放多巴胺，啟動內在的能量，增進信任關係和聯結，從而創造出更多可能性。

第 **8** 章

你很滿意，
跟「我們」都滿意，差在哪——
雙贏原則

8-1
我們真的能說服別人嗎？
心理學家這樣說……

　　在交互式對話的課堂上，有一個經典的說服練習。兩人一組，抽到 A 組者扮演說服他人的一方，抽到 B 組者扮演被說服的一方。練習中給大家的任務是：A 組嘗試用 10 分鐘的時間去說服 B 組，接受「經由夜跑來鍛練身體」的觀點，制訂夜跑計畫，並接受小組其他成員的監督。

　　B 組成員記錄下自己在沒有開始對話前，對這個觀念的接受程度，給自己打分數（分數範圍為 1 ～ 10 分）。完全不接受夜跑，根本沒想過為「0 分」；自己非常接受，甚至已經嘗試過夜跑為「10 分」。10 分鐘後，根據 A 組對自己的影響再次打分，看看自己對這個觀點的接受程度是否有所改變，也就是 A 組的說服是不是產生了效果。儘管在這個練習中，不同的對話，產生了五花八門的結

果。但是總結下來，有以下 3 個重要的觀察結論。

(1) 我們過於高估可以說服他人的可能性

在 B 組的整體打分數結果中，我們會看到，觀念發生改變的情況，並沒有我們期待的那麼大。分數變高者，往往是因為之前對這個觀念就不排斥。同時，即使對觀念的接受度提高了，願意轉化為行動的人還是寥寥無幾。

在一開始分數就低於 3 分的 B 組成員，對話後幾乎很難發生觀念上的轉變，更不用說產生行動了。有些 B 組成員是因為不想讓搭檔太難堪，公佈時故意打高了一些分數。但被要求分享導致改變的原因時，他們的回答往往就很牽強了。

(2) 產生說服效果的對話，往往是因為傾聽更多

如果我們詢問那些分數發生變化的 B 組成員：「你覺得是什麼讓你發生了改變？」他們往往會說：「我談了對於夜跑的顧慮，對方說的話打消了我的顧慮。」「我覺得對方說的符合我的需要，我很想鍛練身體，也只有晚上有時間。」「我覺得對方說的還蠻有道理的。」

我們會發現，幾乎沒有人是因為 A 組說得對，就輕易被說服了。即使是有道理，也要 B 組覺得有道理才行。而之所以產生了分數提高的結果，是因為 A 組在對話中，更

多地傾聽了 B 組的想法，並有方針地做了溝通。

　　而那些滔滔不絕者，則利用 10 分鐘不停狂轟濫炸，向對方表達夜跑的重要性，積極讓對方接受自己觀點，但最後他們幾乎無一例外地都遭受了挫折。

(3) 親身實踐過夜跑的人，更容易對他人產生影響力

　　在練習中我們還發現，有一部分人是真正的堅持夜跑者，或者曾經有過夜跑經歷。他們講述了自己的親身經歷，包括遇到的困難、獲得的收穫、一些小竅門，都能夠對他人產生影響力。

　　那些真正在夜跑中受益的人，往往能夠成功地喚起對方對夜跑的好奇心，和想要去嘗試的願望。而這樣的 A 成員，幾乎無一例外地都表示：「我根本沒想過要說服對方，我只是說了說自己的感受。」

8-2
說服他人的 4 個常犯錯誤，你有幾個？

在上一節提到的說服練習中，我們還發現無效的說服，或是讓對方不舒服的說服，甚至會起反作用的說服，一般具有以下 4 個特徵。

使用「應該」

在說服對方的時候，有些 A 組成員常常會說：「我們應該鍛練身體」「白天工作很忙，就應該利用晚上的時間」「專家說每天的有氧運動，不能少於 20 分鐘」等等。這樣的表達並不會達到說服的效果，往往還會引起爭執。如果你認同以下幾個觀點，就要避免自己掉進使用「應該」的說服陷阱。

- 我認為凡事都有標準，一定要按照標準去做。
- 我相信專家的論斷，在專業領域中越是頂級專家的話越可信。
- 在生活中，我會按照「科學」的標準，來安排衣食住行中的小事。
- 我很擔心自己受到懲罰，對自己的要求也很高。
- 我對道德很敏感，也比較追求完美。

「我是為了你好」

在說服過程中，有一些A組成員會強調：「我是為了你好」「我的這個建議是為了幫助你……」「這件事我有經驗，你照著我說的做準沒錯」這樣的A組成員往往會表現出對他人的關心，卻會使對方感到很大的壓力，使對方本能地抗拒。

如果你認同以下幾個觀點，就要避免自己掉進「我是為了你好」的說服陷阱。

- 我認為比較瞭解別人的問題，看得比較透徹。
- 我特別願意與別人分享我的經驗。
- 如果別人不聽我的勸告，我會很難過。
- 我有對他人付出和犧牲的傾向，但若得不到想要的

回應會感到受傷和委屈。

- 我認為我可以幫到別人。

「我是對的」

有些 A 組成員思維嚴謹、邏輯清晰，即便是剛剛拿到這個練習任務，也能在很短的時間就組織一套完美的對話腳本，把夜跑的好處、必要性、價值說得頭頭是道。這樣一來，B組同學似乎從理性層面就無從提出問題或者產生懷疑，但是在感性層面，就是覺得「不對勁」。而這些對話中的 A 組成員，特別容易對結果大失所望，因他們大多以為剛才已經說服了對方。

如果你認同以下幾個觀點，就要避免自己掉進「我是對的」的說服陷阱。

- 我很相信我的專業，我用它來指導我的生活。
- 我相信經過我實踐得出的結論，也適用於其他人。
- 如果別人不同意我的看法，我會感到很不舒服。
- 我認為「誰有道理」「誰是對的」，就該按照「誰的」來做。
- 我認為不斷學習，提升自己，是每個人該做的事。

「我想要贏」

那些在說服練習中，喜歡「贏」的 A 組成員，從一開始就把這個任務當成了一場戰鬥。他們只有在練習結束後，聽 B 組分享對話的過程和感受時，才會發現原來自己的搭檔是怎麼想的，因為剛才他光顧著「贏」，根本沒有關注對話中的人和關係。

如果你認同以下幾個觀點，就要避免自己掉進「我贏了」的說服陷阱。

- 我喜歡贏的感覺，這讓我覺得自己有價值。
- 如果在關係裡被動，我會感覺自己很卑微。
- 我喜歡競爭，我相信勝者為王。
- 我有時候會因在對話中壓制對方，導致關係破裂。
- 我認為輸了就是懦弱和無能的表現。

這個說服練習，往往會讓人感到沮喪。因為我們會發現，原來在日常工作和生活中，說服別人根本不是想像的那般容易。一個能夠讓雙方都感到滿意的「說服」彌足珍貴，很少有人真正掌握其中的要領。

8-3
雙贏，可以創造新的可能性，1＋1＞2

　　其實，所有無效的說服，不過就是你太過於強調「自己」，而忽略了雙贏。當你急著去改變別人，要求對方按照你說的做時，效果就是 1+1=1；如果方法不得當，對方就會抵觸，效果變成 1+1<1。當衝突發生時，還會變成 1+1=0，甚至 1+1<0。

　　真正有效的說服，是以尊重彼此的差異為前提，還要化解差異背後的阻力、不可調和的矛盾，以及外界突如其來的危機。從「我要證明自己是對的」，轉變為努力讓「我們都滿意」，從而實現 1+1>2 的效果。

　　想要雙贏實現 1+1>2，需要付出很多智慧和努力，並運用三種力量：差異的力量、阻力的力量、危機的力量。

差異的力量

世間萬物本來就是在相互對立和轉化中存在的，彼此之間存在差異更是普遍現象。因為有了春夏秋冬四季的差異性，才構成了完整的四季風景。因為遇到了不同的人，有著不同的經歷，才能塑造出獨一無二的人生。

然而，能夠接受差異，耐受差異，進而可以運用差異去創造新的可能性並非易事。職場中，不同的管理者會以不同的管理風格來帶領團隊。有個形容管理風格差異的經典比喻，說管理者有的像是在做水果沙拉，有的像是在做水果醬。

前者會盡可能保持團隊中每個成員的本色，就像沙拉保持了每個水果本來的味道。同時，會經由文化、目標、情感等紐帶把團隊成員組織在一起，就如加上了美味的千島醬。

而後者會太過於按照統一的標準，來嚴格要求成員達成絕對的一致，甚至犧牲成員的個性。就像按照統一配方生產的水果醬，每種水果都已經被打碎，水果醬裡已經很難品嚐出水果原汁原味的味道。

生活同樣如此。家庭成員的習慣各不同，朋友和同事的性格各異，生活圈裡充滿了形形色色的人。大家彼此支持，相互補充，從而豐富了各自的認知和體驗。一個能夠

接受差異，利用差異去創造的人，會把生活打理成一盤豐富的水果沙拉，人生百味，樂在其中。

阻力的力量

　　一位剛上任的培訓經理，遇到很大的工作阻力。一方面來自其他部門的不信任，例如業務部說：「不懂業務憑什麼給我們培訓？」

　　另一方面來自部門成員的差異：培訓部門有兩種背景的員工，一類是從業務部轉過來的，他們因為種種原因不再從事銷售工作而轉到了這裡。另一類是經由面試而來的專業培訓師，這些人對於培訓的理解、思路、觀念都非常不一樣，工作中總是發生衝突。

　　外部的信任阻力、內部的協作阻力，加上新上任的工作壓力一併襲來，這位培訓經理該如何應對？

　　培訓經理想到一個非常好的點子，他與業務部門溝通後，拿到一組已經被放棄的「失效客戶名單」。這些客戶的追蹤時間已經超過時效，被判定為很難成交而被放棄。培訓經理在部門裡發起了一個「啟動客戶」的挑戰賽，讓有業務經驗的培訓師再次重操舊業，開始重新跟蹤失效客戶，努力達成成交。

　　同時要求經過先前有經驗的培訓師提供經驗、尋找資

源、幫助同伴提升技巧。部門內部協同作戰，目標就是將業務部門放棄的客戶重新啟動。

本來內外交困的局面，在這樣的一個挑戰賽中實現了完美「逆襲」。部門同事之間不僅加深了瞭解，彼此取長補短，建立了感情。同時，經由一個月後還不錯的銷售成績，培訓部門向業務部門證明了培訓師們「懂業務」，樹立了威信。之後，培訓部門總結出的經驗和方法，很快就在業務部門得以順利推廣了。

危機的力量

生態系統理論有一種說法，說危機是產生在整體生態系統之中的，危機事件能夠影響和改變整個生態系統，而危險背後往往也隱藏著巨大的機遇。

我們可以看到每一次危機爆發過後，全球經濟也會被激發出巨大的潛力。例如新冠肺炎此危機引發了消費、健康、辦公、學習等領域的新變革。就像發燒會讓我們的身體升級一次免疫力一樣，每一個人也都會在危機中啟動內在資源去迎接挑戰。我們會經歷挫折、會做出改變，對人生重新思考，讓生命獲得全新的蛻變。

8-4
雙贏對話的 5 大核心「共識原則」

1. 關注目標原則

　　對話一旦陷入「輸贏」和「對錯」之爭，對觀點和解決方案非此即彼，對人和事的態度非黑即白，我們就會丟失對話的目標。對話的目標，是在盡可能不破壞關係的情況下解決問題。即使是那些必須維護立場、捍衛權利的對話，也應該是為了維護正義，而不是出於好戰之心。

2. 尊重差異原則

　　對話不是為了消滅差異、減少差異，來尋求一致，而是旨在利用差異、整合差異，來實現目標。如果不能尊重差異，對話特別容易陷入到底是「要說服別人」還是「要自己妥協」的無限煩惱之中，差異始終存在。

3. 情感滿足原則

為什麼在有些對話中，雙方溝通時明明達成了共識，事後推進卻發生各式各樣的問題？例如，拖延、無法兌現承諾、陽奉陰違等等。這很可能就是因為我們在理智上達成了一致，卻沒有讓彼此在情感上獲得滿意。一方可能迫於形勢、利益、職位等原因，不得不同意另一方的說法，這樣的共識不會長久。

4. 自我突破原則

每一次達成共識的過程，都意味著一次創新、一次挑戰。這可能需要改變思維上的某個限制，也可能需要接受某個自己之前無法接受的感覺，甚至還可能需要你放棄某個習慣，因為重複舊做法只會帶來舊結果。每一個與他人之間的共識，都意味著一次自我突破。

5. 規則保障原則

為了讓共識能夠更順利地達成，讓溝通成果確定下來，我們需要在創造共識的對話過程中，建立起相應的保障機制。例如，雙方如何開展對話的約定、多人商討時具體的流程和內容、對話結果的確認和承諾機制。我們需要一些規則來提醒和約束，彼此去承擔責任、信守承諾。

第 **9** 章

對話的過程中，
你總是糾結在一個點上——
視角切換

9-1
避免「非此即彼」，就能跳脫對話困局

　　銷售部正準備籌備一個新品計畫，為保證搶佔市場，希望新產品能在 10 月 1 日前上線，就可以參加 10 月舉辦的全國展銷會，為明年爭取市場訂單。而技術部門為了保證產品品質，必須完成相關的測試和必要的品質控管，走完這些流程至少要 12 月底。

　　此時，如果你是銷售經理，你會怎麼想呢？

　　A. 技術的問題，總會有辦法解決的。但是市場機會稍縱即逝，必須堅持 10 月 1 日前上線。

　　B. 技術部門不懂市場操作，不明白客戶才是公司的衣食父母，所以要盡可能讓他們能明白這個道理。

　　C. 測試不可缺少，只能放棄這次產品推廣計畫了。

D. 技術是企業的命脈，沒有品質就沒有一切，只能依此向主管彙報了。

如果你選擇以上答案中的任何一個，都說明你陷入了「非此即彼」的困局，如下：

要麼堅持主張自己：
「我必須堅持我的底線。」
「我需要讓他明白這個道理。」
「我要讓他知道我是對的。」
「我要讓他改變。」
「我想讓他按照我說的做。」

要麼不得不妥協：
「這是規定，沒法改變。」
「他的確有難處。」
「他是對的，我只能聽他的。」
「我說的得照做，否則關係就會破裂。」
「他很強勢，不這麼做不行。」

非此即彼的思維方式

「非此即彼」會讓你陷入思維困局，這樣的思維方式沒有彈性，沒有靈活度，非黑即白。這會讓我們緊隨其後的行動也走向極端，要麼強勢，要麼妥協，根本無法去實現更多的可能性。

例 1：做工作或做事情，一定要獲得別人的認可。非此即彼的思維：認可就是做得好，不認可就是做得不好；做事情就要做別人認可的，否則就不做。

例 2：業績好或工作能力強，就應該得到晉升。非此即彼的思維：業績好就應該得到晉升；沒有晉升就是因為業績的問題。

例 3：事沒做好，就一定待不下去了。非此即彼的思維：事情做不好就要被淘汰；我只要把事情做好，別人就不可以對我不好。

例 4：做錯了事，就應該受到嚴厲的譴責和懲罰。非此即彼的思維：做錯事必須受懲罰；我沒有錯，憑什麼懲罰我。

例 5：主管就應該比我強，專家就應該絕對正確。非此即彼的信念：他是主管，他的能力就應該比我強；如果我的能力比主管強，我就不會服他。

大家會發現，非此即彼的思維方式不僅會給對話帶來困擾，還會給自己帶來很多情緒和人際關係問題。這時候，你明明理直氣壯，卻感到委屈、不公平，因為別人根本不能理解，甚至覺得你無理取鬧。

小練習

發現想法背後的「非此即彼」

試試看，也找一找下面幾個問題背後可能存在的非此即彼思維方式。

1. 這個問題不徹底解決，公司一定發展不了，或事情一定做不成。
2. 公司應該對員工負責任。
3. 所有事情一定有對錯，所有問題一定有答案。
4. 只要付出努力了，就一定能有回報。
5. 制度必須是公平的。

你還能找到哪些困擾你的「非此即彼」的思維方式呢？請把它們也寫下來。

打破非此即彼的思維

中國人有很多看似完全「對立」的人生智慧，比如：

- 宰相肚裡能撐船←→有仇不報非君子。
- 寧可玉碎，不為瓦全←→留得青山在，不怕沒柴燒。
- 人不可貌相，海水不可鬥量←→人靠衣服馬靠鞍。
- 狹路相逢勇者勝←→退一步海闊天空。
- 行行出狀元←→萬般皆下品，唯有讀書高。

　　這些聽起來「非此即彼」的人生哲學，很可能讓人費解，我們到底該奉行哪一個才是對的？曾仕強老先生在講解中庸之道時說：「中庸不是中間，中庸即是合理，而合理是在變化之中的。」這個處於變化中的合理，便是解決非此即彼的法寶。

　　這個世界並非只有黑白兩色，中間還有很多過渡地帶。在不同的情勢下，人不必非此即彼地走極端，只有心懷正義、審時度勢、應對變化，才能找到解決問題的合理方法。

　　遇到挑戰，你需要鼓起狹路相逢勇者勝的勇氣；遭遇誤會，你也要能做到退一步海闊天空。由此看來，老祖宗給了我們這麼多非此即彼的說法，恰恰是要告訴我們，這世間並不存在絕對的處理方法。可以嘗試用以下的 3 個方法，為「非此即彼」的思維方式解鎖。

1. 打破條件

非此即彼的思維背後，一般都會有一個不可撼動的因果、假設、條件關係。在上面的案例中，「只有產品測試完成才能銷售」就是一個隱藏的條件關係。即只有測試完成（A），才能銷售（B）。

打破條件是說，完成了 B，即銷售了產品，卻沒有執行 A，即沒完成測試。這是為什麼？

有沒有可能只完成重要功能的測試，就拿到訂單？

有沒有可能只測試某兩款重要產品，先推向市場，其他的後續完成？

有沒有可能有老客戶因為非常信任我們的產品，直接下單？

當我們允許自己想到更多的情況時，A 這個前提條件就被打破了，有助於我們鬆綁原來固執的結論。

2. 承擔結果

「只有產品測試完成才能銷售」，在這樣的思維方式下，我們就把銷售產品的成功與否的責任，完全放在了測試上，也就是產品的銷售完全依賴於測試的進度。

這時候，我們可以問自己：測試完成了（A），產品

卻沒有銷售成功（–B），這是為什麼？

有沒有可能是客戶需求發生了變化？
有沒有可能是競爭對手太強大了？
有沒有可能是銷售部門沒有把握好行銷的時機？

當不再把銷售不成功的責任都歸結在測試上時，這就打破了對他人的依賴，由自己來承擔結果。我們會更懂得去反思，若想要成功自己還能做些什麼？

3. 相信兼得

要銷量，還是要品質？有時候我們不敢相信，魚和熊掌可以兼得。如果我們敢相信，就真的會想出很多辦法。例如，協調資源、增加人手、改進測試的工序和技術，以加快測試進度；又或者提前做好宣傳資料和產品樣品，先跟客戶簽訂單，約定 12 月底再交付。

面對「訂單」和「品質」這一對魚和熊掌，其實我們有很多可以兩全其美的解決方案。

9-2
你要當放羊人還是老鼠？ 努力發現第三條路

大多數對話都並非能一蹴而就，水到渠成，而是充滿各種選擇、困惑、糾結。這個時候，我們需要從困局中跳脫出來，找到第三條路。

轉換視角

1. 老鼠的視角，局部放大法

在你的眼裡，盤子裡的一塊乳酪是什麼樣子？在一隻小老鼠的眼裡，這一塊乳酪又會是什麼樣子？老鼠眼中的這一塊乳酪一定與你眼裡的不同，乳酪裡的每一個孔洞都清晰無比，每次散發出來的香味都十分強烈。

使用老鼠的視角，相當於把問題「放大」。你對這個

問題有了更具體、更深入的研究。延續上一節的案例，研發部若把測試這件事放大就會去思考，是否可以改進一些作業程序？測試的某些環節是否可以合併？具體到某一個測試的程式是否可以改進？當測試的這個「乳酪」被放大了，我們很可能就會從中發現解決問題的方法。

2. 放羊的視角，資源替代法

想像你是草原上的一個放羊人，手裡拿著皮鞭，遠遠地望著你的羊群，視野十分開闊，每一隻羊都盡收眼底，甚至遠遠跑開的那一隻，也在你的掌握之中。放羊人的視角是一個看問題時「更寬闊」的視角，可以看到我們平常看不到的畫面。

你可以在會議陷入困局的時候，暫停一下，走出會議室沖上一杯咖啡慢慢品嘗、放鬆心情，讓自己和剛才的問題保持一個距離。然後，跳出來看一看，有什麼資源可以用於解決問題。

例如，測試的工作是否可以申請到其他支援？有沒有外部的供應商可以承接部分工作？除了參加展銷會，還有什麼拓展業務的管道？當可以使用的資源出現時，問題也會迎刃而解。

3. 硬幣的視角，正反兩面法

凡事必有兩面性。堅持品質沒有錯，測試也的確是品質安全的保證。但是安全的另一面就是缺乏靈活，犧牲效率。

當技術部門的同事可以看到硬幣的另一面時，其解決問題的積極性就會被大大提高。同樣，銷售部的同事也可以想想，如果客戶買到一個有品質問題的產品，會不會降低對產品的信心呢？如果引發消費爭議和退單，就更得不償失。一念之轉，事情往往也就有了轉機。

4. 直升機的視角，俯覽全域

有句話說，我們要學會用直升機的視角去思考問題，這就是展現一種全域觀。例如，跳出問題俯瞰全域後，用公司整體運營的視角、行業發展的視角、未來5年全球化的視角去看待當下的問題，你又會得出怎樣的結論？也許我們會看到這一次的市場活動，並非是明年的必爭之地。

360 度提問

1. 尋找資源的提問

解決問題需要哪些資源？在哪裡可以找到？

你目前擁有哪些資源？

如果你必須得到幫助，會想到誰？

如果需要發揮優勢或者特長，你會怎麼做？

如果必須選擇一個行動，你會做什麼？

2. 參考他人的提問

其他同事會怎麼協調這件事？

同行大多會怎麼進行這筆訂單？

國外有沒有成功的經驗可拿來參考呢？

其他產業有類似的問題嗎，他們是如何處理的？

3. 打破限制的提問

如果你是老闆，你會怎麼做？

如果你是對方，你最看中什麼？

如果你沒有成本壓力，你會怎麼做？

公司的前輩們，都是怎麼處理這件事的？

下個世代的年輕人，他們可能會怎麼做？

4.「5 個為什麼」提問

豐田公司在改善工作流程中，經常使用「5 個為什麼」來分析問題，以便找出隱藏在問題背後的原因，從而找到方法解開困局。

例如，管理者發現，公司辦公大樓的外牆每年都要定

期維修，會花費大量財力人力，正思考該如何解決。

　　問題：公司大樓的外牆為什麼要定期維修？
　　回答：牆壁因為經常需要清洗，而受到了酸蝕損害。

(1) 為什麼要經常清洗？
　　回答：大樓每天都被大量的鳥糞弄髒。
(2) 為什麼有這麼多鳥糞？
　　回答：大樓周圍經常聚集很多燕子，產生鳥糞。
(3) 為什麼有這麼多燕子？
　　回答：大樓的窗戶上有許多燕子愛吃的蜘蛛。
(4) 為什麼窗子上會有蜘蛛？
　　回答：蜘蛛在這裡能吃到一種小飛蟲。
(5) 為什麼會有這種小飛蟲？
　　回答：塵埃和從窗戶照射進來的光線，刺激了小
　　飛蟲的繁殖。

　　問到這裡，解決方案似乎已經變得非常簡單。那就
是：拉上窗簾。

尋找靈感

1. 放一放

很多時候，反覆琢磨同一件事情，反而容易讓人越陷越深。試試跳脫出來，讓身體放鬆，或做一些運動，暫時轉移一下注意力，讓緊張的大腦冷靜下來。這時候，很多靈感可能就會在不經意間冒出來。就如坐在大樹底下的牛頓，被一個從天而降的蘋果砸中一樣，也許一瞬間你就有了答案。

2. 換一個環境

我們大腦所接受的刺激，毋庸置疑是受環境影響的。所以，如果離開發生問題和爭執的環境，換到一個「不同」的空間，也會有機會發現不一樣的可能性。

3. 讀書、看電影

書籍、電影，還有其他藝術作品，往往是我們靈感的重要來源。與孩子一起玩耍，也常常會有意料之外的發現。相信你想要解決的問題，已經植入潛意識中，也許書中某一行文字，或電影中的某一個鏡頭，就會觸發它，讓你百思不得其解的問題被瞬間解決。

9-3
制定有意義的對話目標，別偏離了主題

在《愛麗絲夢遊仙境》中，有這麼一段對話：

愛麗絲問兔子：「兔子，兔子，你說我該選擇哪條路走呢？」

兔子說：「選擇哪條路，取決於你要去哪裡。」

愛麗絲想了想，說：「我好像去哪裡都可以。」

兔子說：「那麼你走哪條路都可以。」

努力找到第三條路，走出「非此即彼」的困局還不夠，我們還要學會制定有意義的對話目標。如果對話沒有目標，我們就特別容易再次陷入經驗主義、觀點之爭、輸贏之戰等等沒有結果的對話之中。

丟失目標的對話

1. 經驗主義

員工：經理，這個月招聘情況不好。

管理者：履歷的情況怎麼樣？

員工：寄來的履歷數量還不少，但是符合我們要求的很少。

管理者：那就是你招聘資訊內容的問題了。我們的刊登管道沒問題，大網站都投放了，你要把招聘文案重新改一下。

員工：……好吧。

2. 情緒風暴

員工：領導，我覺得公司的制度太不合理了。

管理者：制度沒有十全十美的，你是不是太敏感了？

員工：您這麼說，那麼我也沒什麼好說的了。

管理者：我們好好解決問題，你不要情緒化。

員工：我就是來找您解決問題的，哪裡情緒化了？您只站在公司的立場上，根本就沒體會到我們員工的難處！（情緒升級中）

3. 觀點之爭

研發部：產品上市之前要測試，否則會有風險。有風險的產品是不能上線的。

銷售部：哪裡有完美的產品，市場機會稍縱即逝，我們覺得只要不出大問題就行了。

研發部：我們公司是以品質取勝的，研發部門的標準是小問題都不能出錯。

銷售部：有幾個問題很好解決，邊照計畫走邊調整嘛。

研發部：這樣做對客戶太不負責任了，我們堅持不能出一點問題。

4. 輸贏之戰

設計部：客戶沒有我們專業，不能全照他們說的改。

業務部：客戶是甲方，是付費的人，你專業也要人家買單才行啊。

設計部：要客戶買單，就是要你們去引導啊。

業務部：我們當然會引導，但是你們是不是也要有一些服務意識，不要閉門造車，好不好！（戰鬥升級中）

5. 問題歸因

生產部：你們給的這個設備數據有問題。

企畫部：客戶發給我們的時候，就是這個數據。

生產部：客戶的這個計算標準，已經不是國家規定的最新版本了。

企畫部：我問過了，只回答目前他們公司還在執行舊標準。

生產部：為什麼他們公司不根據新標準調整呢？

企畫部：他們說只能先給我們提供這個，希望我們自己轉換一下。

生產部：為什麼不執行新標準呢？他們那麼大的公司，連個懂新標準的人都沒有嗎？

企畫部：……

6. 責任歸咎

行政部：這一次公司搬家進度慢了，導致舊辦公室多繳了一個月房租，主要是銷售部門有不少員工總是以外出為由，多拖了幾天才收拾好。

銷售部：這事不能怪我們啊！月底要衝刺業績，我們必須出去見客戶。而且人力資源不是得負責給員工租屋資訊嗎，根本沒幫上忙？

人力資源部：我們哪裡沒幫上忙，公司突然說要搬，很多員工根本來不及去新辦公地點找房子，這不是我們簡單給資訊就能解決問題的。

7. 偏離主題

經理：我們一起討論下個月產品的宣傳計畫，看看是在戶外辦活動，還是像以往一樣在酒店裡辦說明會。

員工 A：我覺得還是換個方式吧，戶外辦活動的話，現在天氣正合適。

員工 B：對呀，如果在戶外辦活動，再請個明星代言更有話題性。

員工 C：太好了，我們請哪個明星啊？

員工 D：最近最紅的就是○○○。

員工 A：啊！我好喜歡他啊。上次……

制定對話的目標

在中文裡，用於表達溝通的詞彙有很多，例如，談心、協商、談判、討論、說服、聊天等。這些詞彙反映了對話者之間，有著不同目的和不同狀態。

對話中的目的、動機、意圖，會在有形或無形中決定交談狀態，影響交談行為。談話主要可以被分為以下 3 種主要的類型。

- 聊天就是閒談、討論，沒有明確的目的性，也不追求結果，大家只是為說話而說話，相互啟發或者一

起「吐槽」。這在嚴格意義上並非是對話，而是一種人際交往行為，交往雙方經由說話去感受一些關係上的支持。

- 談判是有目的的，一定要有結果，且目標一般是要有輸贏。在談判中，各方都希望能實現自己的觀點和訴求，或者至少想占上風。有時候，即使各自做出些讓步，大家也心知肚明，彼此之間的立場和利益是非常不同的。

- 對話也追求結果，但對話的雙方是在充分的友誼感和信任感的前提下，讓不同的觀點和意見碰撞、激盪、交融、激發創新。對話的目的，是經由充分的互動，去實現能讓雙方共贏的目標。

- 有目標的雙贏對話，是交互式對話所宣導的。目標引導著對話的方向，目標的實現也體現和檢驗著雙贏的結果。制定一個有意義的目標，就變得尤為重要。

1. 切實可行

切實可行的目標意味著，我們探討的是可以實現的目標，符合角色、責任的承擔範圍，是經由彼此的努力可以實現的。同時，目標是可以描述的、可以具體化的。

如果我們遇到的問題比較棘手，或者是短期內很難解

決，還需要對目標進行分解，把大問題化解為小目標，把遠期規劃轉化為短期的計畫。

2. 體現共贏

如果我們的目標僅僅是讓自己在對話中「獲利」，或者單純地說服對方改變，順從自己的觀點，那麼這麼做是無法實現雙贏的。在雙贏的基礎上，我們的目標還要對不在場的第三人，甚至整個組織負責，這就是所謂的實現共贏。不能共贏的目標，多少都會產生「後遺症」。

3. 重視關係

有時面對太大的衝突，或時機不成熟、條件不夠等客觀原因，對話雙方在短時間內無法求得一致。這時候，我們就要把關係作為重要的對話目標。以不破壞關係，增加信任感為目標，繼續保持對話的可能性。在增進理解、加深感情的同時，等待事情出現轉機。

4. 基於原則

原則超越了觀點和標準，指向更本質的後果。原則是能經受時間考驗、普遍存在的處世之道。它更深刻、更經典、更加恒久不變。當然，我們每個人對原則的理解，都要受經驗、閱歷及世界認知的局限。所以，不斷更新自己

的處世原則、人際原則、職場原則,並基於原則指導我們的對話,會讓我們更加胸有成竹和收放自如。

小練習

工作中目標&原則的反思

反思在以下情況下你的原則是什麼。

(1) 當我在對話中和上司發生衝突時,我的原則是什麼?

(2) 當我和同事無法協作時,我的原則是什麼?

(3) 離開上一家公司後,我和之前負責的老客戶來往的原則是什麼?

(4) 進一步深度思考,當不同的人有不同的原則時,這是否會對他們之間的對話目標和對話狀態產生影響呢?

第 **10** 章

和廠商殺價，搞得面紅耳赤嗎——
尋找交集

10-1
再怎麼不同，
也能找出 4 種交集

　　交互式對話，是不以輸贏為目標的談話，它非常強調在對話過程中的交流與合作，並且期待在合作中，雙方能相互影響，創造出更多的可能性。情感的聯結、彼此的信任感，是達成共識的重要基礎。

強化交集

　　多談交集，會增強一種彼此之間有共識的感覺，也會加深信任和情感的關係，沖淡雙方的差異和衝突。

1. 對話中的首尾交集

　　首尾交集，是用對方的結尾作為開始，讓兩個人的對

話有交集的前後銜接。特別是在多人對話的會議中，以上一個發言者最後談的內容，作為銜接打開自己的話題，這麼做不僅是對上一個發言者的尊重，也是讓自己的發言順理成章。

舉例來說，同事徵詢你對午餐的意見：「聽說公司樓下新開了一家日本料理，我們中午要不要先訂位？」

錯誤：「關鍵是好不好吃啊！我們可別冒險。」

正確：「中午吃飯人多先訂位比較好，那家的味道怎麼樣？有人去過嗎？」

2. 認同的交集

如果對方的某個觀點或感受，自己也有，一定要先充分認同，再展開其他的部分，這會讓那些不同的部分溝通起來變得容易。

舉例來說，行政部與其他部門討論工作問題：「我想說一下影印機使用的問題。我發現客服部員工影印的時候，紙張浪費的情況很嚴重。」

錯誤：「我們客服部這個月的新人多，你們行政部要求的到職資料太多需要影印的了，新人又不太會用影印機，那怎麼辦？」

　　正確：「對於紙張浪費的問題我也深有同感，我再請員工多注意。還有就是，到職需要影印的資料不少，我們這個月的新人又比較多，可不可以延後一下交資料的時間，之後再集中辦理。」

3. 話題的交集

　　完全不同意別人的觀點時，直接回絕和沉默不語都不是好選擇。或是想開啟一個新話題時，逕自突然跳開，這顯得沒有禮貌。這時你可以嘗試從對方的話題開始，過渡到你要表達的內容。

　　舉例來說，人力資源部與業務部門主管，一同探討對年輕員工的管理問題，業務部主管說：「現在的年輕人一點都不主動，不好管。」

　　錯誤：「我不同意你的說法，應該是你的管理方法不合適。」

　　正確1：「我很理解你說的『不好管』，我也有過這種感覺（對方話題）。不過，也會有一些例外（過渡）。就我所知，○○公司就把年輕人調教得特別好，他們有個有趣的政策……（引出新觀點）」

　　正確2：「你說的這個『不好管』也有不少主管反應（舊話題），我還針對此問過一些年輕人（過渡），他們

的回答真是讓我意外……（引出新話題）」

4. 目標的交集

　　有些對話涉及的問題較多，情況比較複雜，雙方很難在短時間內完全達成一致。我們可就此選擇一個相同的目標，強調彼此在這個目標上的交集，先推進對話，暫時擱置衝突的部分。

　　舉例來說，下屬來找主管解決工作問題。下屬說：「經理，我們部門最近的工作職責不太清楚，有很多不屬於職責範圍內的工作，老是被分配到我們這裡來。例如，統計採購數據、員工退休辦理、辦公室裝修……」

　　錯誤：「統計數據這是老問題了，別抱怨了。」
　　正確：「統計數據和員工退休問題，解決起來需要時間。辦公室裝修是比較緊急的事，我們先從這裡解決好嗎（制定目標）？這件事你有什麼想法？」

重塑情感

　　在對話中，還可以針對對方所講的內容，進行「重新描述」後再回應，從而轉變該話題的情緒感受，這可以讓消極的談話變得積極。

1. 對事實進行重構

　　我們部門的 H，最近不知道怎麼了經常遲到、工作也總出錯，還常與同事產生衝突，他簡直是無可救藥。

　　(1) 在回應中重構狀態：「你是說，你們部門的 H，最近變化很大，你不知道是什麼原因（替換糟糕的事實描述），是這樣嗎？」還有以下的重構事實方式：

- 針對問題導向的狀態：糟糕的問題替換為探索原因；糟糕的結果替換為探索解決方案。
- 針對推卸責任導向的狀態：「我沒有辦法……」替換為你想要改變一個情況；「這是誰的責任……」替換為你現在遇到一個問題需要解決。

　　(2) 在回應中重構用詞：「你是說，你們部門的 H，最近工作狀態不好（替換出錯、衝突等負面詞彙），你特別想解決這個問題（代替無可救藥），是嗎？」還有以下的重構用詞方式：

- 針對太過獨斷的語言：「我從來不……」替換為「你不喜歡做……」。「就應該……」替換為「你傾向於……」。
- 針對能量不足的語言：「我不得不……」替換為

「你決定……」。「那太難了……」替換為「你能做到哪些……」。

在對話中，我們把對方所描述的事實，進行過語言上的重新整理後，就會發現負面情感減少了，同時，對話將轉向問題解決。

2. 對情感進行轉化

在對話中，我們還可以用積極的方式描述消極的情感，澄清問題的起因和期待，而不是陷入無休止的負面情緒中。例如，「每次我的彙報主管都不滿意，總是喜歡打斷我的發言，他一打斷，我就緊張。我覺得他根本就不在乎別人的感受，讓人覺得自己一無是處。」針對此案例，可以用以下方式回應：

- 澄清起因：「你是說，主管打斷你發言這件事，會讓你感覺很不好。」
- 澄清期待：「你是說，你其實很希望主管能夠認真聽你的發言，給你一些肯定。」
- 將消極情感變為積極情感：「你是說，工作彙報的時候，主管對你不滿意、打斷你，你非常想改變這樣的狀態。」

> ## 10-2
> # 如何說，能讓對方發自內心 改變想法？

　　強行改變對方的想法，或者用辯論的方式「據理力爭」，都不是合作的態度。改變應該是自動自發、自願自覺的，對方發自內心地改變了想法，才能讓共識真正有效，而且持久。

建立共識庫

　　很多時候，對方和你無法達成共識，或者觀點不一致，很可能是因為對方和你掌握的訊息差距很大，經由對話增加更多對方原來不知道的訊息之後，對方也就自然地改變了想法。

　　對話雙方都要盡量把有利於達成共識的訊息表達出

來，這些充分交流的訊息，構成了雙方的「共識庫」。如此一來大家有可能得出相同結論，並且這個結論是經由個人判斷後的結果，這樣的共識更值得期待。

在共識庫中，對話雙方可以加入的訊息有：

- 對方可能未關注到的領域。
- 可能的利弊分析。
- 更長遠的結果預期。
- 各自有價值的經歷與經驗。

思維換框法

1. 意義換框

是指找出一個負面經驗中的正面意義，例如：

管理者：「有能力的新人，本身對工作期待也高，我怕我駕馭不了。」

HR：「有能力的新人，不僅會為你的部門創造更大價值，也會促進你提升管理方法。」

2. 環境換框

同樣一件東西或一個情況，在不同的環境中具有的價值會有所不同。找出有利的環境，便能改變這件東西或這

個情況的價值，從而改變相關信念，例如：

員工：「我們公司的定價策略太不靈活了，很多客戶都被競爭對手的促銷活動搶走了。」

經理：「我們的業績有 80% 都來自老客戶的續單，他們更看重價格穩定、品質有保證的產品，用起來放心。」

3. 用 5 步驟脫困

感覺自己無法做到某事，是對話中一個重要的困境。但說出「我做不到」時，事實上是在描述過去發生過的事。過去「做不到」或者「不想去做」，不意味著未來也做不到。在這種情況下，可用以下步驟鼓勵對方。

第一步：困境。A：「我做不到 _____。」

第二步：止損。B：「到現在為止，你尚未做到 _____。」

第三步：認知。B：「因為過去你不懂得○○，所以到現在為止，尚未能做到 _____。」

第四步：能力。B：「當你能夠○○，你便能做到 _____。」

第五步：未來。B：「你去學習○○，去提升○○，就一定會做到 _____。」

10-3
發生利益與認知衝突時，該怎麼處理？

　　解決對話中的衝突，需要雙方不遺餘力地投入。不光是合作的態度，還有必要的合作方法和合作流程。

利益的衝突

　　有些衝突是由於衝突雙方的根本利益、立場不同造成的。在組織中，典型的跨部門衝突就屬於這一類。

　　裝潢公司的設計部向總經理投訴銷售部，說銷售部掌握不住客戶的需求，導致設計圖來回反覆修改，浪費了大量的時間和資源，還導致客戶覺得公司不夠專業。銷售部也開始投訴設計部，認為他們不能以客戶利益為先：「我們都是 24 小時開機，他們還不願意加班。客戶改了

幾次,他們就態度冷淡,影響了成交進度。」一個為了拿到訂單,希望盡可能地滿足客戶;另一個為了保證品質,需要在客戶面前展現專業性。

這兩個部門的立場是不同的,要如何解決這一類衝突呢?

1. 第一步:公開問題,共同協商

關於利益的問題,一再迴避只會導致拖延和惡化,最好的方式是公開協商。利用雙方都認同的形式,上面的案例就可以經由開會的方式正式討論,並邀請相關部門的人員參加。

2. 第二步:明確內容,細化規則

大家需要先盡可能地描述和自己的利益、立場相關的事實。然後,基於這些事實,協商出一個具體的規則,以明確那些在工作中無法遵循的灰色地帶,並制定出雙方都能夠認可的「遊戲規則」。

就上面的案例來說,必須制定出什麼樣的修改是必需的?以及為了避免反覆修改,公司需要跟客戶提前告知的具體細節是什麼?特別要注意的是,制定規則時,一定要讓雙方平等地發表意見。最好是先讓對方提出來一個基本、可以履行的原則,我們也列出認可的部分,先把這些

共識確定下來，再進行調整，後續的推進就會順利很多。

3. 第三步：結果導向，注重共贏

　　關於規則的討論，容易陷入無邊無際的細節之戰和雙方的權力之爭。為了確保公平性和效率，需要有協力廠商或者主管加入，以保證結果導向，去尋求問題的最終解決辦法。

認知的衝突

　　夫妻間經常為子女教育問題發生衝突，其中就涉及雙方的不同認知。例如，一對夫妻因為到底要送孩子上公立學校還是私立學校的問題，而爭執不下。這個問題是有關對待一件事情的理解、看法和選擇的問題，屬於認知的衝突，可以嘗試用以下的方法解決。

1. 第一步：有效的澄清

　　澄清包括澄清概念和澄清動機兩個方面。

　　澄清概念：指我們需要澄清雙方衝突中涉及的關鍵字，到底是什麼意義、雙方都是如何理解及是否存在理解的差異。例如，私立學校包括哪些？怎麼定義？公立學校又指哪些學校？

澄清動機：指認知背後的理由、原因、願望。丈夫為什麼堅持送孩子去公立學校？理由是什麼？對私立學校的擔心又是什麼？同樣，妻子為什麼對私立學校情有獨鍾。她堅持什麼，反對什麼？

動機澄清後，你可能會發現，丈夫其實關注的是老師的教學經驗。因為他的母親就是一名教師，因此認為傳統的教學方式是最科學有效的。妻子其實看重的是自主性的培養，她從小被管教得很嚴格，所以特別不喜歡束縛孩子的教育體制。於是你會發現，他們的衝突根本不是公立和私立學校之爭，而是有關教育方式的不同態度。

2. 第二步：強化雙方的交集

緊盯住差異是無法停止爭吵的，直到看到交集，人們才會願意和解。可以讓夫妻雙方各自列一份清單，分別一條條寫出對於學校的選擇，除了衝突點以外，還看重哪些因素。

於是，教師素質、教育資源、班導控班能力、自主性培養、安全性、離家距離、收費金額、操場大小、教學設備、學生餐廳等等，列出的因素可能很多。接著圈出各自看重的，讓他們發現除了自己堅持的以外，其實對於擇校這件事，他們有很多交集。

我們還可以在衝突點上下工夫，由丈夫具體講述對傳

統教學方式的理解，讓妻子尋求她認可的部分。同樣，由
妻子講述培養孩子自主性意味著什麼，她認為在哪些地方
可以實現，讓丈夫也找到認可的地方。交集會讓共同協商
擁有非常重要的情感基礎。

3. 第三步：建立共識庫

要解決衝突、創造共識，須盡可能列出能支援我們做
決定的相關資訊。猶如盲人摸象中的盲人們，我們都要盡
可能地把自己摸到的局部描述清晰，大家才能一起拼出一
隻相對完整的大象。在共識庫中，這個案例可以加入的資
訊如下。

- 對方未關注的領域：公立學校今日也很重視自主性
  培養的事實。
- 可能的利弊分析：公立學校、私立學校更全面的利
  弊分析。
- 更長遠的結果預期：選擇學校對升學的影響。
- 有價值的經歷與經驗：問問其他過來人的經驗，瞭
  解他們的看法。

相信隨著這些資訊的不斷豐富，夫妻雙方都會對這個
問題產全新的認知。說不定丈夫會主動說：「看來私立學

校也不錯。」妻子也很可能會說：「原來學校離家遠近好像更重要啊！那麼我們要不要選附近的那家公立學校呢？」你看，這是不是就讓別人說出你想要的結果呢！

深層的衝突

美國波士頓地區有一個公共對話專案，處理的是一個非常棘手、引發了仇視和暴力衝突的墮胎問題。一方因為宗教信仰堅持不能墮胎，另一方則支持年輕媽媽墮胎，重新開始新的生活。

這類深層衝突有關我們的信仰、文化、生活方式。在日常工作中並不常見，處理起來需要非常謹慎。在處理中，除了可以運用以上的各種方法，建立信任和情感交流也非常關鍵。我們可以經由深入傾聽彼此的故事和經歷，來達成理解。另外，針對這類問題，我們不能強求立即取得共識，可以先做出某些有利於達成共識的嘗試。

第 **11** 章

為何上司、父母的角色，難做呢？
「合作者」姿態練習！

11-1
從領導者到合作者，「姿態」要轉變

　　在過去的時代，傳統觀念多強調自上而下的權威、專家、經驗的影響力。但在當今多元文化的環境下，學習以合作者的身份去影響他人，尤為重要。

　　領導者有兩類影響力，權力性影響力和非權力性影響力。非權力性影響力又稱自然影響力，與權力性影響力不同，它既沒有正式的規定，也沒有組織授予的形式，它是以個人的品德、才能、知識、感情等因素為基礎形成的。

1. 從領導者到合作者

　　權力性影響力與非權力性影響力的構成因素不同。權力性影響力的主要構成因素有傳統因素、職位因素和資歷因素。傳統因素是說人們對領導者的一種傳統觀念，認為

領導者不同於普通人，他們有權力、有才能，比普通人強。職位因素即領導者在組織中的職務和地位，居於領導地位，因此是權威。資歷因素即資格和經歷，人們對資歷較深的人會產生敬重感。

　　而構成非權力性影響力的，主要是品格、能力和感情因素。例如，這是一個令人產生尊重感、信賴感、親切感的人，是一個值得信任的合作者。

2. 從控制者到影響者

　　權力性影響力的實施，來源在於法定權力。職位權力包括懲罰權、獎賞權、合法權。無論對方是否願意，都得接受這些權力對自己產生的影響。

　　而非權力性影響力發生作用的前提，必須是別人自發地、心甘情願地被影響，也就是權力實施的來源在於被影響者。下級對上級信任，認可領導者的智慧和品質，從而對他欽佩和讚譽，願意模仿和跟隨他。或者受某人的專業知識、技能和專長所信服，認為其能幫助自己指明方向，排除障礙，達成目標，願意向其學習。

3. 從命令者到驅動者

　　權力性影響力使用的方式，一般是領導者向下屬提出正式要求或發佈指令。這些要求和指令，經由口頭或文字

傳輸,如通知、法令、規章、批示等,而這些要求或指令是下屬必須執行或服從的。

非權力性影響力,卻是要經由領導者發現被影響者內心真正的需要和動力,激發其願望,從而促進對方行動。

管理者從「領導者的姿態」轉變為「合作者的姿態」時,需要學習交互式對話的各種技巧和觀念,在對話中傳遞合作者的影響力,將於下一節中陳述。

11-2
6 個簡單比喻，
看懂合作的意義

1. 散步的比喻

對話就好像兩個人一起散步，卻並沒有明確要走哪條路。在散步的過程中，怎麼走、走到哪哩，是兩個人一起探索出來的。

散步的比喻表示在合作的對話中，並不是誰引導誰，也沒有誰帶領誰，更不是誰命令誰。兩個人是肩並肩的，猶如你跟隨我，我也跟隨你。

2. 拋氣球的比喻

對話中，當我們發起話題時，就像是在拋出一個氣球。陳述和提問都不是考題，對方也不必回答出我們想要的「正確答案」。我們只是拋出一個氣球，看看對方是什

麼反應。而對於對方的問題，我們的回應也是如此，回應不是為了提供答案，重要的是我們如何做出反應。

拋氣球的比喻表示，在合作的對話中，雙方都提供空間給彼此，兩個人一起不斷試探這個話題，而非引導對方說出我們想要的答案。

3. 毛線球的比喻

想像一下，假如你的人生由故事組成，那麼會有很多條不同的故事線錯綜複雜地交織在一起。這些故事線，最後組成了一個故事球，就像一大團毛線球。講述者來到我們面前，把這個故事球的某一面給我們看，我們要做的不是接過故事球，然後在自己手裡隨意翻弄；而是尊重講述者願意給我們看的那一面，在那一面裡提問、回應。

毛線球的比喻表示，在合作的對話中，不要因自己的好奇心去拆開別人的故事球。而是要接住別人的線頭，去看對方想要表達的部分。

4. 兩朵雲彩相遇

兩朵雲彩的相遇，會發生某種有趣的反應，有點像化學反應。這個會發生反應的過程是確定的，而會產生什麼結果，我們並不知道。

雲彩相遇的比喻表示，在合作的對話中，雙方在這個

過程裡相互改變。不是試圖改變對方，或者對方想要改變我們，這個相互轉化的過程是自然而然發生的。我們不要給這個反應規定結果，而是要學會享受發生反應的對話過程。

5. 眼鏡的比喻

　　眼鏡的比喻表示，我們現在看到的世界，是透過某副眼鏡看到的世界。戴眼鏡的人以為自己看到的就是「客觀世界」本身，而忘記了自己其實戴著一副眼鏡。當然摘掉眼鏡也不容易，但我們至少可以重新看看，自己戴的是哪副眼鏡。如果換一副眼鏡，我們會看到什麼不同的風景。

　　帶著這樣的比喻，在合作的對話中，我們可能會問：

　　如果戴上老闆的眼鏡，你會看到什麼？
　　如果戴上客戶的眼鏡，你會看到什麼？
　　如果戴上競爭對手的眼鏡，你會看到什麼？

　　而最重要的是，在對話中我們戴上對方的眼鏡時，可以看到什麼。

6. 舞蹈的比喻

　　兩個人的關係，就像是在跳雙人舞。有些舞蹈是危險

的，例如相互指責的舞蹈，彼此怨恨、攻擊的舞蹈。能夠在對方邀請你跳危險舞蹈時拒絕邀請，同時邀請別人跳一段契合的舞蹈，是對話的重要能力。在一段危險的舞蹈中，兩個人可以及時停下或變換舞步，也十分重要。

　　合作的對話既然是一種雙人舞，就意味著兩個人要彼此配合，一意孤行只會踩到彼此的腳，或者根本跳不成。這也意味著雙方要配合彼此的舞步，小心翼翼地回應和跟隨，但又不是完全跟隨對方的舞步。所以跳舞是既配合彼此，又與對方有所不同，這種不同便是創造力的源泉。

第 12 章

壞習慣讓你的溝通陷入死循環？
激活前額葉皮層！

12-1
對話案例：新主管的新習慣

　　每段對話，都好似一段結伴而行的旅程。兩個人可能輕鬆找到方向，愉快地走過沿途的風景，感嘆時間過得好快；也可能歷經千辛萬苦，挺過暴風驟雨，終於來到一個十字路口。

　　無論如何，在這個時候，對話雙方都需要做一個總結。把在對話過程中達成的共識，轉化為現實中可以推進的結果。如果匆匆忙忙就揮手告別，或者太急於改變，就會導致對話的「無效落實」。

　　你也許遇到以下問題，可以在這一章中找到答案。

● 意見達成一致後，卻發現推進十分困難，不知道從哪裡開始。

- 對不同組織間的溝通差異很難適應。
- 明明已約定好執行計畫，但落實的結果，與預先計畫的差距很大。
- 試圖以開會解決問題，但會議的結果總是不了了之。
- 對方雖然答應去做某事，但是明顯動力不足，而有所拖延。

員工 M 向新上任的經理彙報例會的準備工作。

員工 M：「經理，這是我準備的部門會議相關資料，請問還需要哪些其他部門的同事參加，我去通知。」

經理：「這個需要列印出來嗎，給我發個信不就可以了？」

員工 M：「喔，前任經理要求列印出來看，我就給您準備了一份。下次我發信就好。」

經理：「好的。明天會議的主題是什麼？」

員工 M：「主題……我就是想請您確認主題，然後再去發郵件通知大家……」

說到這裡，M 變小聲地說：「以前，都是經理定主題，需要誰來參加也是他定的。」

經理感受到，自己和之前的管理者風格實在不太一樣。他看到 M 有點不安，笑著說：「我明白了，看來對

我的工作方式，大家還不太習慣。」接著他繼續說：「你把資料先留下我看一看，你回去給大家發個通知，主題是『關於例會召開方式』的討論。明天我們一起把相關的問題討論一下，比如主題怎麼制定、誰來決定參會者、會議議程如何執行等等。請大家都說說自己的想法。」

員工M：「好的，經理。」

「包括你準備給我的資料，是列印出來，還是發信，你也要說說自己的意見哦。」

員工M：「其實列印需要很多時間，而且還有點浪費紙……但是有些重要的資料的確需要提前列印出來，提前看過後，開會時再討論就會節約時間……」

經理：「很好啊，那明天我等你的解決方案。」

員工M離開辦公室，心裡想：這個新主管，還真是不一樣啊！

12-2
藏在習慣背後的
大腦神經迴路

　　成年人的腦中約有 1 千億個神經元。神經元是人腦和整個神經系統發揮功能的核心，它們大小各異，每個神經元的主體約為英文句點大小的 1/100。每個神經元，從其中心處伸出成千上萬個，被稱作樹突的「枝丫」，這些樹突接收來自其他神經元的動作電位（action potential），釋放出儲藏於突觸囊的化學物質，稱為神經遞質，它們可以刺激或者抑制附近的神經元活動。迄今為止已發現 50 多種神經遞質，較常見的有去甲腎上腺素、多巴胺、羥色胺等。

　　神經元在神經遞質的刺激下，經由各種形式發生複雜的連接，就形成了神經迴路。大腦內不同性質和功能的每條神經迴路，都有自己獨特且固定的活動方式。所有人的

基本大腦結構都是相同的，但神經元之間的連接方式卻不盡相同，每個人神經迴路內的動態變化和迴路之間的資訊交流，都是獨一無二的，這也就形成了我們獨特的個性和習慣。

習慣是一種不需要思考就會做出的行為。習慣之所以能夠形成，是因為習慣行為在背側紋狀體神經迴路中，激起了特定的反應模式。每次我們做出相同的行為，這一反應特徵就會在腦中強化，也就是背側紋狀體中的神經元之間的相互聯繫，會變得越來越強。同時，我們每次啟動某種特定的反應模式後，下一次同一個模式就更容易被啟動，下意識地按照熟悉的方式做出行為。一種習慣一旦形成，包括壞習慣，總是很難改變。

在上一節的案例中，該為經理的溝通方式和管理風格也是一種很重要的行為習慣。我們傾向於發信還是面對面交流；開會是按順序發言還是想到哪裡說到哪裡；溝通中更傾向於聽從安排還是自己做決策，這些溝通行為的背後，都存在一個已經習慣了的「腦迴路」。

同樣，在我們推進行動的時候，也要考慮到各式各樣的習慣影響，例如溝通的習慣、工作的習慣、性別年齡的習慣等等。習慣用得好，推進行動就會自然而順利。如果習慣發生了改變，我們恐怕就要重新「洗洗腦」，建立起新的神經迴路了。

12-3
對話案例：
被投訴時，請把問題具體化

　　近期公司餐廳頻遭員工投訴，除了口味、用餐時擁擠等老問題外。行政副總和餐廳負責人 C 經理進行了一次緊急談話。

　　C 經理：這個餐廳太難管了。人事成本高，物價、菜價都在漲。我們的採購管道，都是左挑右選，這麼便宜的價格，又要兼顧口味，大家要求也太高了。（情緒激動）

　　副總：別急，坐下來我們慢慢說。我們對於餐廳的服務，與員工做過交流嗎？

　　C 經理：做過啊。不過每次都是聽大家發牢騷，好多問題不是我們能解決的。你說吃飯的時候找不到座位的問題，我們怎麼解決呢？公司發展快、員工越來越多，還有

新人也多，搞不清楚怎麼排隊，哎呀，頭痛死了。

　　副總：嗯，這也是一個具體的問題。

　　C經理：還有啊，晚上加班人多，人資部說餐廳應該也要提供宵夜。可是，加班的人數又不一定，我們怎麼準備食材呢？準備多了浪費，準備少了員工不滿意。

　　副總：還有什麼困難嗎？

　　C經理：有！……（20分鐘過去了）

　　副總：今天你聊的這些，我都知道了。看來這段時間，你們的工作壓力的確很大。很多問題還需要具體研究，有的還需要和其他部門一起討論，我們一樣樣來解決。你看，提供宵夜的問題比較特殊，我們先把這件事處理一下，好不好？

　　C經理：能解決當然好，我也想讓大家都滿意，最好人資部也來一起談談。

　　副總：好。那我去打個招呼，也協調其他部門，把你說的這些事具體研究一下。

　　C經理：這樣當然最好了。

12-4
消極的情緒無法付諸行動，相反地……

　　當我們做決定的時候，是專注於看向目標、規劃願景、計畫行動；還是感覺恐懼、焦慮、害怕做出錯誤決定等等，這些積極和消極的表現，都會佔用我們的大腦資源，它們之間還會相互競爭。

　　當你在一個處境當中，覺得做每一個決定都好像是錯的，更關切不利的條件時，處理負面情緒的邊緣系統，就會壓制住前額葉皮層。與此相反，如果你認為當下處境夠好、可以解決問題，更專注於目標，則會啟動更多前額葉皮層，讓你感覺更有控制感，從而激發大腦裡積極行動的神經迴路。當這一積極的迴路被啟動時，大腦迴路經由相互作用會形成某種狀態，並且經由產生連鎖反應來影響整個系統。

而在我們感覺到壓力的時候，背側紋狀體並不會真的關心我們想要的是什麼，它只會經由一系列連鎖反應，把我們拉回固有的習慣行為，而非規劃新的行為來應變。這很可能讓我們那些最根深蒂固的「壞習慣」，變得越發難以改變。

想辦法釋放更多積極的神經遞質，是讓大腦興奮起來，更容易建立起新迴路的有效方法。神經元的生長，可以增加前額葉皮層中大腦灰質的含量，使大腦變得更加強壯，讓我們的5-羥色胺、去甲腎上腺素、多巴胺等神經遞質都升高。

5-羥色胺可以增強意志力和動機的積極性，改善情緒。去甲腎上腺素可以促進思考及集中注意力，並且能增強應對壓力的能力。多巴胺促進樂趣和享受感，是改掉壞習慣所必需的。當我們的壓力激素平靜下來，前額葉皮層的血液流動就會增加，這會讓我們更放鬆，開啟一個新的正向循環。

在上一節的對話案例中，那位聰明的管理者，能夠有效地傾聽，釋放對方的負面情緒。也願意提供支援，增加員工對他的信任感，有助於員工釋放積極的神經遞質。

同時，他找到一個最容易解決的問題點先行動，這恢復了員工的控制感，之後產生的連鎖反應，讓接下來問題解決的推進變得更輕鬆。

第 **13** 章

你說話是否給人碎碎念的感覺呢——
3 個極簡法則

13-1
說話越簡單越好，
且聚焦於行動！

增加主動性

在管理者對下屬輔導的溝通訓練中，我們發現：越是新晉管理者，越傾向於幫助員工出主意、給建議，總是抑制不住一種想要親自去解決問題的衝動。而成熟的管理者則顯得更加穩重，他們會更積極瞭解情況，詢問下屬的想法，之後再給指導性的建議，並且提供必要的支持。這種差別在對話中，會表現為兩種截然不同的溝通習慣。

傾向於親自解決問題的管理者，常常說：

這件事你應該……

這件事可以這樣……

這件事是不是因為……

傾向於讓下屬解決問題的管理者，常常這樣說：
這件事是怎麼回事，你具體說說看？
你打算怎麼解決？
這件事你是怎麼看的？

管理者的不同溝通方式，在互動中潛移默化地影響著下屬，讓他們也養成了不同的溝通習慣：
前者常常說：
好吧，聽您的。
我不知道該怎麼辦。
有件事需要您來解決……

後者常常說：
我有個情況需要與您探討一下……
這個事，我想這樣來處理……
我的想法是／我的建議是……

而這些溝通習慣的背後，往往牽動著不同的行為習慣、工作習慣，甚至影響工作態度。所以在溝通中，經常說「你打算怎麼辦」的管理者，也會慢慢讓下屬養成「我

想怎麼解決」的主動思考習慣。

這會讓管理者的工作變得越來越輕鬆，員工也變得越來越有主動性。一旦主動思考、主動表達的習慣養成了，對話和推進行動就會變得更加順利和輕鬆。在溝通中如何說，才有助於對方養成促進行動的習慣呢？

有什麼辦法解決嗎？

那下一步可以做什麼？我們的目標是什麼？

如果這件事好起來，我們會看到什麼變化？

誰來負責？誰來監督？

如何在接下來的過程裡回饋進度？多久回饋一次？

分解目標

工程師 K：當眾講課這件事我真的是沒做過……

培訓經理：你是我們公司裡技術的 NO.1，這個雲端儲存的技術，你最擅長了。只是 1 小時的內部分享，你隨便說說都會很精彩。

工程師 K：不行不行，我沒當著那麼多人講過課！我都不知道什麼內容合適。

培訓經理：就講大家最關心的問題，對你來說是超簡單的一件事。

工程師 K：這個……

培訓經理：給你 2 週時間準備，就這麼定了。

工程師 K：好吧。

1 週後，培訓經理來詢問課程準備的情況，發現工程師 K 依舊毫無頭緒，內部分享不得不延期進行。

如果這次談話變成下面這樣說，進度是不是會有所改變呢？

工程師 K：當眾講課講課這件事我真是沒做過……

培訓經理：你是我們們公司裡技術的 NO.1，這個雲端儲存的技術，你最擅長了。只是 1 小時的內部分享，你不要有壓力。

工程師 K：不行不行，我沒當著那麼多人講過課！我都不知道什麼內容合適。

培訓經理：講大家最關心的問題就好了，你願意分享嗎？

工程師 K：其實，我很願意跟大家分享，可是我對講課真沒有經驗，不知道怎麼準備。

培訓經理：這件事好辦！我們一起來準備好不好，先去搜集一下大家關心的話題，這個我可以幫忙。然後，一起確認哪些內容是大家關心而你又擅長的，你再依此去

準備內容，過程中有需要我隨時可以幫忙。如果你還不放心，你準備好以後，我可以安排幾個同事聽一下你的試講，這樣就萬無一失啦。

工程師K：這樣聽起來我輕鬆多了。

培訓經理：那我們明天就開始搜集問題吧！

工程師K：沒問題！

行動推進困難，很多時候是因為任務難度過大、需要的技能不足、涉及的問題過多等等，這都會使人意願和動力降低。而難度和能力，並非是按照自己的感受和標準來判斷的，而是要充分了解對方的實際情況。

在這段對話中，培訓經理認為1小時的分享非常容易，講的也是工程師擅長的內容，怎麼會有困難呢？可是對於工程師來說，這的確是一個「巨大」的挑戰。所以，在第二段的對話中，培訓經理成功分解任務，並在每個階段都給予必要的支持。這就降低了任務難度，增加工程師對這件事的掌控感，行動的推動也就隨之變得容易。

推進一項任務、解決一個問題、做出一個改變，這些都並非一蹴而就。學會分解目標、拆分任務、降低難度，會增加過程中的掌控感，也比較容易成功，而且可以提高完成後的成就感，讓人對任務更有動力，增強自信心，產生不斷想要去完成的連鎖反應。

行動具體化

除了分解目標、拆分任務、降低難度外，還有一個推進行動的重要方法：具體化。

具體化不僅會使行動的推進變得簡單，同時有據可依，避免由於溝通中理解的差異，而帶來行為偏差。特別是在協作的過程中，還可以讓人步調一致，降低溝通成本，提高效率。

1. 任務具體化

任務：我們先從統計客戶資料這件事開始吧。

目標：盤點一下客戶的購買情況。

2. 標準具體化

範圍：我們需要把上半年的新客戶統計出來。

要求：統計客戶的完整資訊，包括基本資料、聯繫方式、產品的購買情況。

時間：這個月底，30 號（工作日），把結果給我。

形式：發郵件。

3. 資源具體化

上級：需要我提供哪些說明？需要協調哪些部門？

支持：是否需要人手、資金、資訊、技能培訓等支援。

4. 過程具體化

工作流程：還有十幾天的時間，我們訂一個具體的推進計畫。

重要節點：先把 1 月的情況統計出來，確認一下細節，然後在後面幾個月按此執行。

5. 回饋具體化

日常：有什麼問題，我們隨時溝通。

例會：每週一例會，我們看一下進度。

13-2
很多溝通習慣是經年累月形成，想破解你得……

　　很多溝通方式、行為習慣都是經年形成的，很難一下子改變。在對話中如果過份去強調，或者強行改變，反而會更難達成目標。不如採用其他方式，採取對推進目標更有效的行動。

轉移關注點

　　我們可以把舊的習慣、難以解決的問題先擺一邊，選擇把注意力和談話的焦點，放在一個新目標上，不斷強化新的行動、新的關注點、新的方式。等新的習慣形成，必然可以對舊的習慣產生影響。即使舊的習慣不消失，也會逐漸變得不那麼重要了。

　　例如，如果一個人在溝通中很難表達自己的觀點和意見，這時你不斷去強調、追問，很可能讓他更加緊張，更有壓力，變得更抗拒。為了提高對話者之間的溝通效率，不妨先做出一些決定，然後在推進的過程中，多多關注和詢問彼此的感受，多肯定彼此的說法。在一方表達不喜歡或者不認同的時候，能夠尊重他的意見，對方就會變得越來越願意表達自己的想法了。

先說結論法

　　在有些組織裡，為了提升員工的目標感和獨立思考能力，管理者要求他們彙報工作時，先用「一句話」把問題說清楚。員工為了做到這個要求，必須先把自己的問題想清楚，思路理清晰，還要懂得取捨，找出重點。這種做法推行了一段時間後，溝通效率明顯提高。

　　還有些團隊，在開會的時候會採用「2 分鐘發言法」，也就是要求每個人必須在 2 分鐘之內結束自己的發言。不知不覺中，開會時東拉西扯的情況會有很大改善。此外，為了能把自己要溝通的事項在 2 分鐘內說清楚，大家也慢慢養成會議之前充分準備的習慣。

借助制度的力量

　　置身於團隊之中時，大家一般都有約定俗成的溝通方式；又或者在制度、工作流程中，對溝通做一些規範和要求，也會對行動產生約束或推動。

　　例如，所有電子郵件請於 48 小時內處理，並給予回覆；預約超過 1 小時的跨部門會議，請至少提前一日通知。在一家網路公司，為了解決與技術人員的溝通時，互動太少、感覺不被重視的問題，特意做出了一個貼心的要求，並貼在牆上：請同事們面對面溝通的時候，不要看著電腦。

離開舒適區

　　用自己習慣的方式溝通，會讓人感覺自然、不費勁，因為處在溝通中的舒適區。同樣地，別人用我們喜歡的、期待的方式溝通，也會讓我們感覺舒適。正因為如此，人們就更願意和讓自己舒服的人在一起，也會避免和使自己不舒服的人相處。

　　試試離開自己的舒適區，嘗試和「讓你頭痛」的人溝通。在溝通中嘗試使用你不擅長，卻被別人證明有效的表達方式。例如，努力學著肯定別人，儘管一開始會有點彆

扭；努力讓自己多聽少說，體會「憋住不說」的感覺。離開舒適區，你會有不一樣的發現，也是對自己的全新拓展。

勇敢實現「逆襲」

當一些對話挑戰來到我們的生活裡，或者一些痛苦的對話反覆出現時，都會一次次喚醒我們大量的負面體驗。如果你能成功覺察，並在這個對話中打斷「自動導航」，做出一個新的溝通行為，就會讓你產生一種前所未有的「矯正性體驗」。而新的溝通行為一旦產生了新的效果，那麼這個體驗和行為就會被保留下來，你也就實現了在情境中逆襲。

例如，一個很難表達拒絕的人，第一次當面拒絕他人的請求後，卻發現得到他人的理解並沒有像想像中那樣破壞關係。這就是打破對話「自動導航」的一個珍貴體驗，一次成功的逆襲。

13-3
積極暗示、簡單重複
會產生巨大能量

潛意識具有無窮的智慧和力量，是外在行動源源不斷的動力來源，但也同樣會成為行動時內在隱藏的阻礙。我們可以經由一些練習，疏通潛意識中巨大的支持力量。

心理預演

不斷想像自己的目標，在內在的世界裡構想未來的願景。早上剛起床、晚上入睡前，或者白日夢的休閒時刻，花幾分鐘用內在視覺化的練習想像，你怎樣一步步經由努力行動實現了目標？你想要的結果是什麼？想要成為什麼樣的人？要讓自己的目標日漸清晰、越來越具體。想像得越具體，實現內心想法的效率就越高。

　　實踐表明，心理預演對創造心理目的地很有幫助，能讓自己做好心理準備從而調整狀態，全速朝著目標前進。

積極暗示

　　想要說一件事是有意識而為之的，但你的表述方式卻往往是一種無意識的習慣。例如，我們在表達禁止的時候，會自然說出：「請不要這麼做！」但效果如何呢？

　　有一個經典的心理學遊戲，實驗者不斷對被試者重複一句話：「請不要去想一頭白色的熊。」「請不要去想哦！」你會發現，當這句話不斷被重複時，你的腦海裡必定全是那頭白熊。這是為什麼？

　　原來，無意識的接受方式，並無法識別「不」。雖然意識告訴我們這是被禁止的，但是無意識卻會不斷地被「白熊」所刺激，反覆出現白熊。以此就可以解釋，為什麼很多時候我們越跟孩子強調「你怎麼這麼慢」，他反而會越來越慢。你的每一句話都自帶能量，你所強調的、你所擔心的總會成為最終「出現」的。

當你想緩解對話的壓力時：

錯誤：「千萬不要緊張！」

正確：「輕鬆點！」

當你期待對方更努力時：

錯誤：「你怎麼這麼懶？」

正確：「加油！」

當你希望對方改正某個缺點時：

錯誤：「你總是太馬虎了！」

正確：「一定要認真哦！」

正面暗示能夠使人更傾向於正面的行動，讓事情轉向我們期待推進的方向。

簡單重複

不斷重複一個信念，會使最難的事也變得容易起來。每當你想要實現一個目標的時候，就不斷地重複想這件事。假設你想要讓自己的業績提升，就告訴自己：「我的業績會不斷地提升，不斷地提升，我的業績一定會不斷地提升。」假設你想要快樂起來，就不斷對自己重複：「要

快樂、要快樂、要快樂！」並時常將嘴角上揚。

像這樣不斷反覆練習、反覆輸入，當你的潛意識可以接受這個指令時，所有的思想和行為都會配合這個想法，朝著你的目標前進，直到達成目標為止。

溝通中簡單的重複，也會產生意料不到的驚喜：

「這一點我認同！」

「這個和我想法一致！」

「謝謝你理解我！」

「一定有辦法！」

「這樣太好了！」

也要留意，你是不是經常會做這樣消極的重複：

「你總是這樣。」

「你又沒聽我講！」

「沒辦法！」

「沒意思！」

「按我說的做！」

傷害他人、控制他人、勉強他人的負面消極內容，在不斷重複下，同樣會讓壞結果不斷出現。而植入正面的內在指令，簡單重複積累到一定程度，會不斷釋放積極的能量。

第 14 章

現場發生衝突，我該怎麼化解呢？
處理衝突的方式！

14-1

把握對話中的角色感

　　邀請大家做一個小練習，來體會角色對溝通的影響。請大家依次想像自己與主管、下屬和同事進行對話。

　　請你先閉上眼睛，想像對面站著的是主管，並且在內心默念自己此刻的角色：「我是下屬。」重複幾次後，睜開眼睛，對著想像中的對面那位主管說：「我想找你聊聊。」

　　接下來，在想像中把對面的人換一個角色，比如你的下屬。這時候再次閉上眼睛，在心裡默念自己此刻的新角色：「我是主管。」重複幾次後，睜開眼睛，對著你想像中的對面那位下屬說：「我想找你聊聊。」

　　你有沒有發現，角色不同會影響你說話的狀態？同樣一句「我想找你聊聊」，是不是說出來的感覺不一樣？當

你是下屬時，你會害怕主管嗎？有討好上級的傾向嗎？當你是主管時，你理想中的下屬又會是什麼樣？你會說話變得強勢，或者變得想要維護自己的權威嗎？

然後，你還可以把對面的這個人換成同事、喜歡的朋友、不喜歡的人、暗戀的人、父母等等。細細體會，當對面的人不一樣、自己的角色也隨之改變的時候，你發生了哪些變化？內在又有怎樣的不同感受？

這個小練習可以幫助我們去覺察：溝通中角色認知的重要性。每個人在人生舞臺上都會扮演不同的角色，我們怎樣理解自己當下的角色，就意味著內在會有怎樣的觀念和價值標準，而後就會按照怎樣的方式去行動、去說話。而當這個內在的角色感不清晰，或錯位，或和環境不協調時，表現出來的就是在溝通中的無效和衝突。

名正言順，說話要符合角色

有人收集了一些年輕人離職的理由，會看到很多這樣的表達：「員工餐廳不行，不想待了」「擠捷運，太累了」「這個工作沒意思」……。這些「孩子氣」的表達，會讓企業覺得你並未真正進入一個「職業人」的角色。

一個調查顯示，那些最讓員工不喜歡的管理者，經常會說：「這件事我也沒辦法，你自己解決吧」「這是公司

195

的規定，你跟我說也沒用」「你執行就好了」，說這些話的時候，他們離開了自己承上啟下的管理角色，變得官僚或者不願意承擔責任，自然也不會受到下屬信服。

當一位客服人員，對投訴的客戶大聲說：「你憑什麼對我發脾氣啊！又不是我的錯。」這時候，她也已經離開了自己的「服務角色」。因為在這個角色裡，組織所賦予的一部分功能，就是化解和安撫客戶的負面情緒。

因此，依據自己的角色說話與行事，非常重要。

14-2

對話案例：
日本公司的午餐時間

角色衝突時的智慧

　　有時候，我們會面臨多重角色的「尷尬」，這是對溝通中角色感拿捏的重大挑戰。

　　在日本企業，午餐時間同事一起外出就餐，AA 制是大家約定俗成的文化。某天，人事部的中國雇員 M 小姐，帶著公司的外聘講師也是一位中國女士，一起去大家常光顧的餐廳用餐。外聘講師為公司提供服務期間，一向都是由 M 小姐負責招待的。餐廳這天的座位很滿，服務生問兩位女士是否介意和另外兩位男士拼桌，雙方都愉快地答應了。

這兩位男士，一位是當地資深工廠管理者，是中國雇員；另一位是日本籍高層管理者，鐮谷先生。這兩位男士剛剛談完工作，中午便一起外出就餐。他們熱情地歡迎兩位女士入座，各自點了食物，邊吃邊愉快地交談。

　　不知不覺午餐進入尾聲，到了買單的時間。按照日本企業的傳統，無論席間是否有上級、無論男女，此時 AA 就好。可是今天出現了一個特殊的情況：有一位女士並非公司員工，而是公司的業務夥伴，在我國文化裡，被定位為公司請來的老師或客人。這個時候，該怎麼辦？誰來買單？

　　鐮谷先生是一個在中國工作了近 20 年的中國通，是個很了解跨文化差異的管理者。他很紳士地站起身，對餐廳老闆說：「老闆，這兩位女士的午餐我來買單，我們兩位男士 AA。」

　　這句話讓在場的所有人都很滿意。首先，外聘講師享受了鐮谷先生對自己「業務夥伴」這個角色的款待。其次，對於工廠的管理者來說，這也沒有打破企業約定俗成的 AA 制。最後，M 小姐同時有兩個角色，一是日企雇員，一是「女士」，顯然她此刻享受的是女士的待遇。

　　這一餐變得很有人情味，鐮谷先生就這樣輕鬆地化解了作為「日企管理者」「在中國的管理者」「主人」「男性」多個角色之間的衝突問題。

在這個案例中，我們看到處理多角色衝突時的幾個原則。

(1) 大原則優先滿足

AA制是一個組織的原則，主人招待客人是一種地域性文化，女士受到款待是一種較國際化的交往禮節。優先滿足大原則，會讓多角色衝突得到更多的支援。

(2) 為妥協設置底線

如果這一餐全部都由鐮谷先生買單，那麼就意味著打破了組織 AA 制的工作原則，這會讓參與其中的員工覺得，這個原則可以被隨意修改和變動。雖然這可能只是一個例外，但是所有例外都會導致執行原則的困難。

(3) 尊重和充分考慮心理感受

所有原則的運用，都離不開考慮人的感受。在這件事情中，外聘教師的感受被考慮到了，雇員 M 小姐的感受也被考慮到了。工廠的管理者，因為是一位很資深、思慮也很成熟的男士，相信完全可以理解鐮谷先生這一番舉動的「要領」，不會有任何不快。而如果與鐮谷先生一起吃飯的，是一位新任中國籍管理者，還沒有熟悉組織裡 AA 制的文化，那麼處理方式又會有所不同。

14-3
在不同組織中，推進對話的方式有……

組織關係的不同特點及溝通方式

不同的企業，在人與人建立關係的方式上，有著巨大差異，如表14-1。

1. 權力型組織

管理特點：權力型組織是按照集權制建立起來的組織。一般來說層級分明、計畫導向，下級服從上級，權力多集中於上層管理者身上。

互動特點：權力型的組織溝通模式以上傳下達為主，層級多、資訊不透明，員工參與度不足，因此組織特別容易產生上下級溝通的衝突，更強調執行而非創造。

表 14-1 ▶▶不同組織的溝通特點與方式

	權力型組織	目標型組織	開放型組織
管理特點	集權、壟斷、層級多、計畫導向	績效導向、職能分工、流程協作	界限開放、虛擬中心、客戶導向
互動特點	上傳下達、資訊不透明、集中決策	角色溝通、決策與權責匹配	個體為中心溝通、資訊透明、過程決策
溝通方式	集中會議、上級談話小道消息、約定俗成	電子郵件、主題會議、上級談話	即時工具、電子郵件、圓桌會議、自創暗語

2. 目標型組織

　　管理特點：目標型組織是按照職責、績效導向建立起來的契約型組織。強調職能分工和協作，擅長制定各種流程標準，以優化與提升效率。

　　互動特點：目標型組織是基於「職能角色」進行溝通的，強調彼此的權力、義務、責任，很少帶入個人感情。這樣的企業由於競爭激烈，比較容易產生協作衝突。

　　溝通方式：目標型組織最常用的溝通方式就是發電子郵件，或由各個部門或者專案小組發起主題會議，以及例行的工作例會、績效面談、工作面談等談話。

3. 開放型組織

管理特點：開放型組織的各部門界限開放，經常組成各種虛擬小組，甚至是與客戶和市場之間邊界模糊的組織形式。

互動特點：開放型組織中的溝通資訊充分、透明，會經常採用集體決策和過程決策的形式，並且沒有某個權力者、專家會佔據主導話語的地位，每個人都可以以自己為主體自由發聲。

溝通方式：開放型組織傾向採用即時通信工具作溝通，也會經常使用電子郵件。會議多為「圓桌型會議」，即參會者人人平等，發起會議者十分隨機。也由於其高度靈活性，會帶來一定的無序狀態。

傳統組織面臨的溝通問題

1. 混合型組織的溝通習慣衝突

在中小企業中，組織的特點一般和企業所有人的人格模式比較相近。也就是企業所有人的溝通風格，一般決定了企業的溝通風格。但是在大型企業中，特別是國有企業，或者發展歷史更長的一些企業，往往存在著混合型的組織狀態，也就是組織早期既會按照權力型的層級制建立組織機制，又會為了適應現代化管理進行目標型管理方

式。而在某個部門，又可能為了適應市場發展和新技術形式的需要，建立起小範圍的開放型團隊。

而組織內部的員工，其背景也非常多元化，來自於不同類型的家庭、有著不同類型組織的從業經驗。這就給溝通帶來了更多的不確定性和複雜性，很難建立起統一的溝通標準。其實溝通方式並沒有絕對的好壞對錯之分，但無論更傾向於哪一類溝通方式，往往都要「統一」才會更有效率。

2. 權威關係中的角色衝突

有一句網路流行語，說透了中國的親子關係：「父母一輩子都在等孩子說聲『謝謝』，而孩子一輩子都在等父母說聲『對不起』。」這展現了我們對權威關係的理解，出現了非常重要的變革。

在傳統的理解裡，父母從擁有父親、母親的角色身分開始，就擁有了與這個身分相關的權威地位。自下而上必然的尊重、服從，成為對權威關係的共識。父母也會給予孩子生活經驗、財富、精神的傳承，在心裡也自然需要這一句「謝謝」。

但隨著時代的快速發展，即使父母的經驗和智慧，不足以給孩子足夠的指引，也不足為奇。代際之間甚至出現了反哺的現象，孩子教父母使用新媒體，從日常生活各方

面滲透新思想、新文化。

這種反哺給傳統的家庭教育方式、相處方式帶來變化，無聲地挑戰著家庭固有的權威模式。如果父母還是執意按照傳統的方式去對待、控制、要求孩子，久而久之，孩子的心裡就會需要來自父母的這一句「對不起」。

家庭中權威關係的變化，影響著人對權威關係的理解，這種理解會直接表現在企業管理的上下級關係。上級的「要執行」一再受阻，但下級的「要參與」呼聲也很大。有些管理者可能一時不太知道，除了傳統的賞罰以外，還有什麼方式可以激發新生代員工的積極性，這些現象都和家庭中的代際衝突，有著同樣的本質。

這種管理者和員工之間的代際溝通衝突，在傳統的國營企業非常常見。在這些龐大的組織裡，上一代的管理者還沒有退休，他們內心對權威關係的理解，還停留在過去式。而新一代的年輕職員已經上線，他們帶著全新的理念，要重新定義工作的價值。

很多管理者困惑於在這樣的情勢之下，到底誰該適應誰？其實，這是一個雙方都需要主動適應的過程。適應並非妥協，也不是遷就，只是需要換一個讓對方舒服的溝通方式。

新型組織溝通進化

為了適應多元化、代際差異化的挑戰，新型組織應該進化溝通方式，才能更靈活地滿足各方需要，減少衝突帶來的損耗。

1. 建立新型權威關係

- 增強員工的參與意識。
- 因材施教，將每個人配置到合適的職位上，發揮其特長。
- 尊重員工的工作方法、工作習慣的自主決定權。
- 增加組織溝通的管道，讓員工表達聲音、情感。
- 管理者做導師而不是做訓導主任，依靠非權力影響，少說教。

2. 謹慎處理規則和界限

- 尊重員工的私人生活。
- 明確工作中的規則與界限。
- 事前約定，避免事後算帳。
- 讓員工參與公司規則的制定過程。
- 提供多元化視角、允許多元化聲音，讓員工保持個體獨立思考的空間。

3. 管理方式的升級

- 適才適所，切割工作目標。
- 多給予精神獎勵、情感回應與支援。
- 給予及時的回饋與激勵。
- 鼓勵創新、職位輪換，增加工作新鮮度，在「玩」中完成任務。

4. 工作意義也要與時俱進

- 學會用新生代語言對話、善用新媒體技術。
- 用流行的活動和新鮮的體驗，來建立情感。
- 給組織一個凝聚起來的故事。
- 理解員工真正的渴望，給予一個努力的理由。
- 組織公益活動，培養感恩之心。

第 **15** 章

每次開會的結論，真的有徹底執行嗎？
對話變成實際行動！

> ## 15-1
> # 是你公司的事，還是你的事，差很大！

　　想讓對話的結果得以落實，必須打破自己舊的「自動導航」，建立起全新、更有效率的溝通方式。同時，遵循簡單快樂的原則，讓自己變得更加主動、更有力量，成為結果的推動者。

　　這需要提升兩方面的心智力量，一是內在驅動力，二是自我凝聚。

哈利‧哈洛的驅動力實驗

　　哈利‧哈洛（Harry Harlow）是威斯康辛大學的心理學教授，在 20 世紀 40 年代，他和兩個同事以恒河猴進行為期兩週有關學習行為的實驗。他們設計了一個簡單的裝

置，要解開這個裝置需要三個步驟：拉出插銷，解開掛鉤，掀開有鉸鏈的蓋子。這一連串的動作對你我而言易如反掌，但對於實驗室裡的小猴子來說，就有挑戰多了。

實驗人員把這個裝置放在籠子裡，觀察猴子們的反應。奇怪的事情發生了，在沒有受到任何外界的鼓勵，也沒有給猴子們任何指示的情況下，猴子們就開始專心致志地玩起這個裝置，而且不解開不善罷甘休，看起來似乎還很享受。等到第 13 天、第 14 天，這些猴子已經能夠駕輕就熟，能時不時解開裝置，而且速度很快，在 2/3 的情況下能夠在 60 秒內解開。

心理學家們覺得有點奇怪，沒有人教這些猴子怎麼解開這個裝置，也沒有食物或者感情上的獎勵，連一點點掌聲也沒有，這與當時有關靈長類動物行為表現的觀點背道而馳。

當時科學家們認識到行為有兩種主要的驅動力，第一種是生物性的驅動力，是一種內在的驅動力。人類以及其他動物要飲食、飲水、交配以滿足生理需求，但這個因素在此實驗中並沒有出現。第二種驅動力則來自於外在動機，做出特定行為時，環境會給予獎勵或懲罰。人類會對這種外力做出精確的反應，例如被承諾加薪，就會工作得更努力。可是實驗者在這個實驗中所觀察到的行為，並不是因為這個驅動力。

　　還有可能是什麼原因？為了回答這個問題，哈利‧哈洛提出了一個新理論，即第三種驅動力。他認為完成任務取得的成績，就是內在的獎勵。猴子們解開裝置，僅僅是因為牠發現這麼做很好玩，因為喜歡這麼做，而這項任務所帶來的愉悅感就是獎勵。^{（註）}

　　在這個恒河猴的實驗裡，我們瞭解到有 3 種驅動力。

- 驅動力 1：生理驅動力，來自於內部。
- 驅動力 2：外在驅動力，尋求獎勵、避免懲罰。
- 驅動力 3：內在驅動力，來自於內心，例如發現、挑戰、探索、創造、快樂。

　　想想我們自己的狀態，就不難理解這三類驅動力的存在。哈利‧哈洛還總結出，驅動力 3 在適宜的環境下才可能產生，金錢和不正當的競爭，會扼殺內在驅動力，造成上癮與短視行為。看看我們周圍，充斥各種焦慮、疲於奔命、對物質的追求，這 3 類驅動力的確都發生在我們的日常生活和工作中。

（註）平克，驅動力〔M〕，龔怡屏。譯，北京：中國人民大學版社，2016：1-3。

馬斯洛需求層次理論

　　「馬斯洛需求層次理論」是亞伯拉罕・馬斯洛（Abraham Maslow）於 1943 年提出的經典動機理論，將人的需求從低到高依次分為生理需求、安全需求、社交需求、尊重需求和自我實現需求這 5 種需求。在馬斯洛的需求層次理論裡，我們也可以發現這 3 種驅動力。

　　馬斯洛認為，人類具有一些先天需求，越是低級的需求就越基本，越與動物相似；越是高級的需求就越為人類所特有。同時這些需求都是按照先後順序出現的，當一個人滿足了較低的需求之後，才會關注較高級的需求，即需求層次。而低級需求中生理需求其實就是哈利・哈洛所說的驅動力 1。在更高級一些的安全、社交、尊重需求中，有我們驅動力 2 的來源。而最高層次的需要，實現個人理想、抱負，發揮個人能力到最大程度，達到自我實現境界，這些類似驅動力 3。

　　在驅動力 3 驅動下的人，自覺性高，善於獨立處事，喜好不受打擾地獨處，完成與自己的能力相稱、讓自己快樂的事。努力發掘自己的潛力，去成為自己所期望的人。

升級你的內在驅動力

我們如何讓自己的驅動力升級，不斷自我實現呢？

1. 自主：做什麼，我自己決定

客服中心的工作，一直以來都非常刻板，員工們每天按照固定的腳本解釋著同樣的問題，對客戶的投訴也會讓員工感到身心疲憊。美國和英國的客服，每年的平均離職率是 35%，是其他工作的兩倍。

美國捷藍航空公司，最先採取電話客服在家工作的嘗試，這種嘗試使他們的服務遠遠超越了同業競爭者，在家工作的員工，其生產力和工作滿意度，比普通辦公環境下工作的員工高。這一部分是因為員工在家會覺得比較舒服，比較少受到監督。還有一部分原因是這種自主工作的方式，能吸引更多的人才。很多員工是父母、退休老人，甚至還有殘障人士，他們喜歡以自己的方式工作，也為他們帶來便利。

還有一家線上售鞋網站，也讓他們的客服人員有很大的自主空間。該公司不監控客服人員打電話的時間，也不要求使用固定的腳本，員工可以採用自己喜歡的方式接電話，他們的工作就是服務客戶，讓客戶滿意。這種強調自主的管理方式，使他們的離職率非常低，儘管這家公司還

很年輕，但它已經是美國客服做得最好的公司之一了，比名氣更大的凱迪拉克、蘋果的排名還要高。

同時，願意嘗試這樣自主工作的員工，內在也是非常追求自主性的。這種我做什麼我自己決定的感覺，也讓他們釋放了更多的活力和創造性。

2. 專精：把想做的事情做得越來越好

若在某件事上可以做得專精，這會讓人能量大增。最近流行的「刻意練習」理念，正是實現這樣專與精的途徑。實現專精不僅是一個結果，更是一個過程，這個過程本身也是讓你想要更專精的驅動力。

專精首先來自於大量的重複，在商學院裡，一個學生每週可能要面對 20 個真實發生過的商業案例，學生們會先自己研究怎麼決策，提出解決方案，最後由老師給出實際的結果並做點評。

同理，學習商業決策的最好辦法，不是觀察老闆每個月所做的兩次決策，而是自己每週做 20 次模擬決策。如同在體育和音樂訓練中，強調「分塊」練習。學習者要把完整動作或者整首曲子練過一遍，看專家是怎麼做的，然後把它分解為很多小塊，一塊一塊地學習掌握，不斷地重複。

專精還來自於刻意練習那些並不熟悉的部分。觀察花

式滑冰運動員的訓練,你會發現在同樣的練習時間內,一般運動員喜歡練自己早已掌握的動作,而頂尖運動員則會多練習各種高難度的滑跳。

　　心理學家把人的知識和技能,分為層層嵌套的三個圓形區域:最內一層是「舒適區」,是我們已經熟練掌握的各種技能;最外一層是「恐慌區」,是我們暫時無法學會的技能;兩者中間則是「學習區」,是那些令我們不太舒適、有難度,但是可以經由練習勝任的部分。只有在學習區裡不斷練習,一個人才可能真正變得專與精。

3. 心流,讓自己忘情地投入

　　心流的概念,最初源自於 20 世紀 60 年代對於藝術家、棋手、攀岩者及作曲家等的觀察。觀察者發現,當這些人在從事他們的工作時,幾乎都是全神貫注的,經常忘記時間以及對周圍環境的感知,這些人的工作樂趣來自於工作的過程,而且外在的報酬是極小或不存在的,這種由全神貫注所產生的心流體驗,就是他們的動力。

　　米哈里‧契克森米哈依(Mihaly Csikszentmihalyi)這位心理學家,將心流定義為:一種將個人精力完全投注在某種活動上的感覺。心流產生時會有高度的興奮及充實感,這時候人會極度專注,有清楚的目標,對這項活動有主控感,主觀的時間感改變,即覺得時間很快過去,或者

不會感覺時間的消逝，也不覺疲憊。

　　你可以在手機或電腦上設置提醒，每週大約40次，每次提醒鈴聲響起的時候，記錄下自己在做什麼，感覺如何，是否處於心流之中。把你的觀察記錄下來，看看自己的答案，並思考下列問題，有助於幫助你捕捉到自己的心流狀態。

- 哪些時刻會帶來心流的感覺呢？當時在哪？在做什麼？和誰在一起？
- 是不是一天中的某些時刻更容易出現心流？基於這一發現，應該如何調整一天的活動？
- 應該如何增加最優經驗出現的次數，以減少自己感覺身心不投入、注意力不集中的時間？
- 如果對工作和事業有所懷疑，這個做法可以告訴你內在動機的真正來源是什麼。

4. 願望：成為夢寐以求的自己

　　主動積極去追求某個自己熱愛的事，會產生強烈的回報感和獎勵感。當你確定一個願景的時候，前額葉皮層就會被激發，當它開始工作，會影響你看到、聽到、感受到這個世界的方式，讓你變得積極。這會幫你大大減少對不相關的細節和煩惱的關注，把精力更多地放在真正對你有

用的事情上。

　人朝著認為一定能實現、長遠、有意義的目標努力時，他們的狀態是最好的。這不僅是因為你在努力實現這一長遠目標的過程中，多巴胺會大量釋放，還因為你做出的每一分努力，都會讓自己離實現目標更進一步。這個過程會調動體內積極的化學遞質，不斷提升你的各項能力，讓你變得更加強大和自信。

───── 自我提升小作業 ─────
100日刻意練習任務

找到令自己能夠進入心流狀態，一件可以持續刻意練習的任務，堅持打卡 100 天，記錄下自己狀態的變化，如下表。

（任務名稱）　　100 日刻意練習日記		
進程	技能提升	狀態變化
10日		
20日		
30日		
50日		
70日		
100日		

15-2
總是覺得資源、能力不夠嗎？「自我」凝聚力量法！

很多人覺得自我力量不夠，沒有存在感也沒有定力。這些狀態都是因為心理狀態不夠穩定，需要進行自我感覺的凝聚，提升內在力量。

影響心理狀態平衡的 3 個維度

1. 資源差異

年齡、經驗、閱歷，以及是不是擁有一些現實的資源，都會對我們的心理狀態產生影響。例如，財富上的資源可以幫助你創造穩定的現實環境；有更多的技能意味有更穩定的生存能力。現實資源的持有品質與數量，會給心理狀態帶來影響。

2. 適應狀態

　　適應狀態是指反應和遭受刺激的量是不是匹配，是不是隨著這個刺激量的改變在發生變化。例如，在疫情期間，每個人都遭受了刺激，都會焦慮，但解決一些現實問題後，就會逐漸平靜。如果你的反應和刺激是相互協調的，刺激來了會緊張，刺激過了也會回落，這就是一個比較正常的適應狀態，而過度的反應和過度的麻木都會造成失衡。

3. 自我恢復

　　我們對外界一個刺激所做出的反應，是一直處於驚慌失措狀態、無法解決問題，還是能積極應對，並且能夠及時恢復？這種自我恢復的能力，也是影響心理狀態平衡的重要因素。絕大多數的失衡狀態，都可以靠自己恢復。如果你遲遲無法恢復，就需要及時尋求一些專業的幫助。

自我凝聚，提升內在力量

1. 增加存在感

　　自我凝聚是要凝聚屬於自己的感覺。這種自我感覺就是一種存在感，讓我們即使沒有他人的肯定，也可以感覺自己是獨一無二的存在。

　　選擇你最喜歡、有感覺也擅長做的一件事，可以是做

手工，可以是寫毛筆字，也可以是上傳你的讀書錄音。這件事除了滿足喜歡並擅長以外，還要滿足兩個小條件。第一，不要太難，並能呈現視覺化的結果。例如，紙鶴一個很快就折好了；毛筆字一頁也可以很快完成。

第二，要能夠堅持足夠長的一段時間。這同時意味著可以形成一個累計的視覺化成果，例如累計 100 天後，折的紙鶴就有一大罐了、毛筆字寫了一大本。這樣的練習，可以幫助你在做這件事的過程中，不斷凝聚出自我的感覺，並看到視覺化的成果，這個成果就是對自己的肯定。隨著自我肯定的增加，自我存在感也就悄然形成了。

2. 增加控制感

自我力量在很大程度上，源於自我控制感。當我們不斷把期待和要求放在別人身上的時候，其實是沒有力量的。所以，我們要學會收回在他人身上的注意力，回到自我控制上來。

增加自我控制感，最簡單的方法就是從衣食住行著手。挑選一件日常生活中的小事，例如，做飯、整理房間、學會開車等等。這件小事最好是你一直想提升，又存在一點點困難的。例如，你也許不太擅長做家務，但又希望能駕馭整理房間這個部分。那麼你就從這裡開始，給自己制定一個目標，或者採用每次進步一點點的方式。

在持續 2 週或 30 天後，記錄下結果和自己狀態的變化。經由駕馭這件事來感受自我控制感的增強。任務難度的設置，不要過大，也不要過小。過大會讓人因為壓力而動力不足，或者會出現虎頭蛇尾、堅持不下去的情況，反而造成挫敗感。難度過小，又無法讓人產生挑戰成功、增加控制力的感覺。這件事的難度，要控制在需要自己努力，又可以實現的程度上。

3. 增加確定感

很多時候自我力量不足，是因為我們看不到自己的力量，不能發現和欣賞自己的長處，即使做了很多事，依舊感覺自己無力、沒用、沒那麼好。所以我們需要在現實中，不斷地經由確定、標記來看到自我力量。

清單法是一個簡單易行、可用於自我確定的方法。方法是準備一份清單，每日記錄 3 件以上自己完成的、最有成績的事。如果感覺不到自己做了有成績的事，也要挑出自己還算滿意的一些小事記錄下來。總之一定要至少記滿 3 件，並把這個清單放置在醒目或隨手可拿的地方。

隨著這個清單中的專案增加，在 30 日、50 日、100 日之後，我們可以做一個小結。總結自己的成績後，給自己安排一些獎勵。慢慢在這個過程裡，找到自我肯定的感覺。能對自己說：「嗨，你真的很了不起！」

—— 自我提升小作業 ——
100日成績單任務

（任務名稱）　　100日刻意練習日記		
進程	3個成績	其他成績
10日		
20日		
30日		
50日		
70日		
100日		

NOTE

國家圖書館出版品預行編目（CIP）資料

非暴力溝通の天使對話法／張心悅著. -- 新北市
大樂文化有限公司，2023.05
224 面；14.8×21 公分（優渥叢書Business；091）
ISBN 978-626-7148-59-4（平裝）

1. 人際傳播　2. 說話藝術　3. 生活指導
177.1　　　　　　　　　　　　　　　　112006658

BUSINESS 091
非暴力溝通の天使對話法

作　　者／張心悅
封面設計／蕭壽佳
內頁排版／王信中
責任編輯／林育如
主　　編／皮海屏
發行主任／鄭羽希
財務經理／陳碧蘭
發行經理／高世權
總編輯、總經理／蔡連壽
出 版 者／大樂文化有限公司（優渥誌）
　　　　　　地址：220新北市板橋區文化路一段 268 號 18 樓之一
　　　　　　電話：（02）2258-3656
　　　　　　傳真：（02）2258-3660
詢問購書相關資訊請洽：2258-3656
郵政劃撥帳號／50211045　戶名／大樂文化有限公司

香港發行／豐達出版發行有限公司
地址：香港柴灣永泰道 70 號柴灣工業城 2 期 1805 室
電話：852-2172 6513　傳真：852-2172 4355

法律顧問／第一國際法律事務所余淑杏律師
印　　刷／韋懋實業有限公司

出版日期／2023年5月25日
定　　價／260 元（缺頁或損毀的書，請寄回更換）
Ｉ Ｓ Ｂ Ｎ　978-626-7148-59-4